鹿嶋真弓
KASHIMA Mayumi

うまい先生に学ぶ
学級づくり・
授業づくり・
人づくり

図書文化

はじめに

　最近，メンターという言葉を耳にしますが，メンターとは，あなたにとってよき指導者，助言者のことです。私自身，教師生活を振り返ると，メンターの存在の大きさにただただ感謝するばかりです。

　ところがいま，大量のベテラン教員が退職を迎え，学校現場の状況は変わりつつあります。本来ならば，50代の教員が長い年月を費やして経験したからこそ伝えておきたい教育実践やその時々のノウハウは，30代から40代の教員へ，さらには20代の教員へと引き継がれていくものです。しかし，現在，30代から40代の教員の層が薄く，多くの50代の教員が組織運営に中心的にかかわっているため，激務となり，メンターとして機能するには限界もあります。

　それらを踏まえ各教育委員会では，地域リーダーや学校内におけるミドルリーダーの養成に力を注ぎ，頻繁に研修会を行っています。しかし，教師が専門職として成長するには時間軸が必要で，簡単に育つというものでもありません。教師が育つためには，まず実践してみて，その自らの実践から学ぶことと，他者の実践から学ぶことが必要です。他者の実践から学ぶには，職場の同僚の実践から学ぶ方法と，研修会等で学ぶ方法のほか，本書のような実践集から学ぶこともできます。

　学級づくりや授業づくりに関して多くの研究がありますが，理論的に可能と思われても現場ではなかなか通用しないのが現状です。また学校現場の忙しさはすさまじく，教師は常に複数の仕事を抱えながらこなしています。そのため，手っ取り早く効率を高める方法があると聞くと，つい飛びついてしまいがちですが，結果として「効果的」でないことが多いのも事実です。同じことをやっても上手くいく教師といかない教師では何が違うのでしょう。また，どこをどのように変えればうまくいくのでしょう。本書では，むずかしいことや新しいスキルを取り入れなくても，いままでのやり方をちょっと変えたり工夫したりするだけでうまくいくコツを示しています。

　これまで，私は全国の学校を訪問するなかで，たくさんのすばらしい先生方に出会って

きました。その先生方が実践されてきた宝物と，私が実践してきた宝物をこの１冊に込めました。この宝物は，エンカウンターや育てるカウンセリングを，プログラムという形ではなく，日々の教育実践に溶け込ませてきた現場の教師だからこそお伝えできる実践事例です。昨年，出版された『中学校 学級経営ハンドブック』に次ぐ，第二弾です。

「心に響く（感動）」「子どもが主役（自律性）」「人間味あふれる教師（モデル・自己開示）」を裏キーワードに，各実践の根底に流れる教育観・子ども観は何かについては，『ここがちがう！！』の中で述べさせていただきました。本書を開いた際，「自分もやってみたい」「真似してみたい」と思える本，これらをヒントに自ら柔軟な取組を創出し展開したくなる本をめざしました。

本書が，先生方の身近なメンターとして，また，学級づくり，授業づくり，人づくりの視点で，先生方の日々の教育実践の役に立ち，さらに，各学校の教育活動の充実につながることを願っております。

平成28年４月

鹿嶋　真弓

目次

はじめに　3

第Ⅰ部　学級づくり

朝の黒板メッセージ・小学校
- １日のスタートは子どもを承認する言葉から　小学校向き　10

朝の黒板メッセージ・中学校
- 担任と子どもをつなぐ黒板の活用　中学校向き　12

- みんなで成績アップ！──掲示物の工夫あれこれ　中学校向き　14

学級だより
- 我が子の見える学級だより──全員参加で学級と家庭をつなぐ　中学校向き　16

学年だより
- めざせ！ 読み手と教員の距離がグッと縮まる学年だより　中学校向き　18

- 子ども主体の面談週間で信頼関係づくり　中学校向き　20

- 次の学年に一歩踏み出すためのエネルギーチャージ　中学校向き　22

- 一人一役と役割交流で共に育つグループ活動　中学校向き　24

「みんな」ってすごい・基本形
- 何に見える？　小・中学校向き　26

学級会議
- 学級目標を達成するための学級力向上会議　小学校向き　28

学級会議
- アンケート結果を活用した学級会議　小学校向き　30

学級担任力・小学校
- 新聞復元隊！──楽しみながらルールを守る　小学校向き　32

学級担任力・中学校
- 学級担任の５つの指導　中学校向き　34

言いそびれた言葉たち
- 最後の手紙に思いをのせて　中学校向き　38

言いそびれた言葉たち
- 卒業の前に感謝の気持ちを伝えよう──仲間へ，家族へ，教師へ 　中学校向き　　40
- 指さすだけで，自己開示！──「明るい窓」を広げるゲーム 　小・中学校向き　　42
- 私のエンジェルは誰でしょう？──内緒で支える１週間 　中学校向き　　44

シェアリング
- 振り返り用紙を使ってお互いの気づきを共有する 　小・中学校向き　　46

シェアリング
- 少数意見，全員の意見を大切に──ミニホワイトボードの活用 　中学校向き　　48
- 折り鶴に込めたメッセージ──合唱コンクールで心をひとつに 　中学校向き　　50
- 仲間のよさを言葉にして贈る──運動会後の取組み 　中学校向き　　52

第Ⅱ部　授業づくり

「みんな」ってすごい・応用編
- 仲間の形の特徴を調べよう 　小学校向き　　56

「みんな」ってすごい・応用編
- 漢字を探そう 　小学校向き　　58

「みんな」ってすごい・応用編
- 色紙を切って「木」を表現しよう 　中学校向き　　60
- 調べ学習の習慣をつける──調べることは楽しいこと 　中学校向き　　62
- 子どもが集中できる仕組みをつくる 　小学校向き　　64
- やる気の出る再テスト──点数更新制での評価 　中学校向き　　66
- 子どもの状況に合う「詩」を選ぶ──「ぐりまの死」草野心平作 　小学校向き　　68
- 視覚教材からグループ活動へ 　中学校向き　　70
- 猫社長による文法総復習──四コマ漫画の活用 　中学校向き　　72
- 「白クマくんノート」で書く力を高める 　中学校向き　　74

ブックトーク
- 自分が好きな本を紹介しよう 　小・中学校向き　　76

ブックトーク・応用編①
■ **中学校国語**　78

ブックトーク・応用編②
■ **中学校社会**　79

ブックトーク・応用編③
■ **中学校数学**　80

ブックトーク・応用編④
■ **中学校理科**　81

ブックトーク・応用編⑤
■ **中学校英語**　82

ブックトーク・応用編⑥
■ **中学校音楽**　83

ブックトーク・応用編⑦
■ **中学校美術**　84

ブックトーク・応用編⑧
■ **中学校技術**　85

ブックトーク・応用編⑨
■ **中学校家庭科**　86

第Ⅲ部　人づくり

承認の声かけ
■ **Good Job! カードで友達のよさを観察する**
　　——コーチングの視点より　小学校向き　88

承認の声かけ
■ **子どもへの「勇気づけ」とは——アドラー心理学の視点より**　小・中学校向き　90

■ **プロモーションビデオで学校紹介**　中学校向き　92

■ **サプライズでリーダー育成——学年委員会の活動**　中学校向き　94

■ **創造的な生徒会活動**　中学校向き　96

モデルを示す
■ 自分も相手も気持ちのよい表現――アサーションのロールプレイ 　小学校向き　　98

モデルを示す
■ 教師のプチ感動でクラスを変える 　中学校向き　　100

学級担任力
■ 子どもたちのルールづくり
　　――「したいこと」から「しなくてはならないこと」へ　小学校向き　　102

学級担任力
■ 学級通信で担任の信念を伝える 　中学校向き　　104

■ 声なき声を声にする――学級通信で紙上討論 　小学校向き　　106

■ 動物エゴグラムで自己理解 　中学校向き　　108

■ 短所を長所に――見方を変えるリフレーミング 　中学校向き　　110

キャリア教育
■ 自分の成長を踏まえて「なりたい自分」を確認する 　中学校向き　　112

キャリア教育
■ いろいろな人が住むマンション 　中学校向き　　114

養護教諭のかかわり
■ 保健室登校の子どもとの「いいこと日記」 　小学校向き　　116

養護教諭のかかわり
■ 解決のヒントは子ども自身の中にある！ 　中学校向き　　118

幼保小連携のひと工夫
■ 就学時健康診断と体験入学での観察 　小学校向き　　120

小中連携のひと工夫
■ 入学前の黄金の３日間――体験入学 　小・中学校向き　　122

小中一貫校のひと工夫
■ 異年齢の集団でのアサーショントレーニング 　小・中学校向き　　124

おわりに　145

第Ⅰ部

学級づくり

なぜあの先生は子どもたちからの信頼が篤いのか？
どうしてあのクラスは子ども同士の関係がよいのか？
学級づくりがうまくいくコツと考え方！

小学校向き

朝の黒板メッセージ・小学校
1日のスタートは子どもを承認する言葉から

黒木大輔

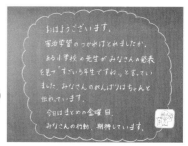

◆ねらい

　子どもたちは期待や不安など，さまざまな思いを抱えて登校し，教室に足を踏み入れます。学級担任たるもの，毎朝，教室で子どもたちを笑顔で迎え，一人一人に声をかけたいものです。しかし，この始業前のゴールデンタイムは，突発的な生徒指導や教育相談，保護者からの電話対応，授業準備等，校舎内を忙しく動き回っているのが現実だと思います。

　そこで，子どもたちの登校前に，黒板にメッセージを準備しておきます。内容は，学校生活についての指示や連絡ではなく，子どもたちが前向きな気持ちになるような「承認の言葉」です。「さあ，今日も1日頑張るぞ」「自分たちの学級は成長してきているなあ」「先生は自分たちのことをしっかり見ているんだ」といった思いを，子どもたちにもたせることを目的とした取組みです。

◆ 参考文献
稲垣友仁「コーチングの三つの基本スキルを学ぶ　承認」『児童心理』6月号臨時増刊，2010年，金子書房
河村茂雄『日本の学級集団と学級経営』2010年，図書文化

◆ここをしっかり！

承認のメッセージを意識すること

　黒板メッセージをとおして，自分たちの学級のよさに気づかせたり，自分たちもやればできるといった自信をもたせたりすることが目的です。そのためには，学校生活における子どもたちの様子をしっかりと観察しておき，「元気よくあいさつができるようになってきたね」「トイレの履き物がきれいに並んでいたよ」等，タイミングよく承認することが大事です。さらに，そのメッセージの内容を朝の会での話題にすると，さらに効果的です。

誕生日のメッセージ

　子どもたちの誕生日には特別な黒板メッセージを準備し，学級のすべての子どもが1年に1度，必ず主役となれる日をつくります。黒板に子どもの名前とお祝いの言葉，簡単なイラストをかいておきます。「あなたが学級にいてくれることがうれしい」と，子どもの存在そのものを承認することで，自分も学級の一員であるという所属感，自己存在感・自己有用感を感じることができるようにします。

第Ⅰ部　学級づくり

> **ここがちがう!!**
>
> 単なる指示や連絡ではない黒板メッセージを書くには，常に子どもや学級の様子を見ていることが前提になります。小さな変化の連続が大きな成長へとつながります。その小さな変化の中の，望ましい行動に変化した瞬間を見逃さない教師の目こそ，子どもたちのよき成長を促すことになるでしょう。黒板メッセージを子どもが楽しみに読むようになると，仲間の中によきモデルを探す心が育ちます。これこそまさに，パーソンポジティビティです。

◆ 進め方

1 黒板使用のルールを伝える

学級開きの日に「朝の黒板には先生がメッセージを書くので，勝手に落書きをしたり消したりしないでほしい」と伝え，黒板使用のルールを設定する。

2 学級集団の様子を観察し記録しておく（記録の蓄積）

年度当初の学級の様子（担任として気になること，改善したいこと）を記録しておく。その後，日々の指導の結果，どんな小さなことでも変容が見られた事柄をメモしておく。特に，「学級内の規律」や「親和的な人間関係」の変容を観察の視点としてメモする。

3 黒板メッセージを書く

毎日放課後に，メモをもとに承認のメッセージを黒板に書く。小さなことでも望ましい行動に変容した事柄についてしっかりと承認するが，結果承認（ほめること）のみを意識するとメッセージの内容をどうするか悩み，準備するのが大変になってくる。

▶肯定的な思いを伝えるといった存在承認や励ましたり感謝を伝えたりするといった行為承認も内容として検討する。

また，学級担任が直接，承認するだけでなく，「〇〇先生が～についてみなさんのことをスゴイと言っていました。」といった形でもよい。

▶間接的に承認することも効果的である。

誕生日を迎える子どもの名前とお祝いの言葉や簡単なイラストをかいておく。

▶誕生日を祝うことで，子どもの存在そのものを承認する。

4 朝の会での話題にする

「みなさんの成長をまた1つ見つけることができて，先生はとても嬉しいです。何のことだと思いますか。」などと朝の会で話題にし，朝のメッセージにこめた教師の思いを語ったり，誕生日を迎えた子どもを紹介したりする。

▶拍手をするなど，教室全体で学級の成長や子どもの誕生日を認め合える場をつくるとよい。

5 係活動へ移行させる

小学校高学年であれば，ミニ黒板を準備し，この黒板メッセージを自主的な係活動として子どもたちに委ねることも考えられる。

中学校向き

朝の黒板メッセージ・中学校
担任と子どもをつなぐ黒板の活用

有吉美春

◆ねらい

　朝の会や帰りの会では，必ず「先生の話」が設定されますが，それは，連絡事項やその日の学級の出来事について，教師の考えや思いを話す時間です。朝の会・帰りの会は時間が限られており，つい連絡事項で終わってしまうことも少なくありません。そこで，毎日，放課後に，学級の黒板にメッセージを書きます。1日を通して感じたことを書いたり，学級や子どもたちの頑張りを褒めたり励ましたり，子どもの行動によって感動したことなどを紹介したり，教師の願いをしたためます。毎朝，教室に入ってきた子どもたちは，教師の思いにふれることになります。文章を書くのが苦手な人は短い文章から，毎日書くのが負担な人は，週に1回金曜日に，月曜日の朝に見るメッセージを書くとよいでしょう。

◆ここをしっかり！

子どもが読んで嫌な気持ちにならない文章であること

　子どもたちは，毎朝，いろいろな思いを抱えて学校へやってきます。昨日の失敗を引きずっている子どももいれば，「今日は何かいいことありそう！」と思っている子ども，朝から親とケンカをしてきた子どももいるかもしれません。一人一人，いろんな事情を背負いながら教室へ入ってきます。そのときの黒板メッセージは，やはり，どの子どもも読んで嫌な気持ちにならない文章であることが大切です。

注意を促す場合であっても，前向きな言葉で文章を終えること

　学級で何か問題やトラブルが発生したときや，子ども一人一人の問題として考えさせたいときも，朝の黒板メッセージは有効です。しかし，教師からの一方的な文章は，子どもとの間に距離をつくりかねません。子どもだけに「頑張れ」と投げかけるのではなく，「先生はこうしていくよ」というスタンスで書くことがポイントです。決して「お説教黒板」にならないことが重要です。そして，最後の締めくくりの一文には，子どもたちへの愛情を感じさせる文章を書きます。「今日も頑張ろう」「先生は自分たちのことをわかってくれているんだな」「見守ってくれているんだな」と思うことができる余韻を残して終わります。

> **ここがちがう!!**
>
> 中学校の担任は,自分の担当授業がない場合,朝と帰りの学活,給食指導,清掃指導以外で自分の教室に行くことはほとんどありません。限られた時間のなかで,一人一人の子どもとつながることは学級づくりの前提です。朝,教室に入って一番に目がいく黒板を利用しない手はありません。言葉は聞き逃すこともありますが,文字は繰り返し読むことができます。つながっているからこそ,その教師の思いや価値観に対し聞く耳をもつのです。

◆ 進め方

1 子どもに伝えたいことを整理する

① 一日を振り返ってみて,子どもを褒められる出来事や,感動したこと,学級で起こったトラブル等がなかったか思い出す。

▶ 書く内容は普段から意識しておく。

例)みんなのよいところ　例)注意を促すもの(最近,クラスが落ち着いていない等)　例)出張で見える他校のよさや本校のよさ　例)教師自身のこと(自慢ではなく自己開示)　例)自分の中学時代(勉強・部活動・友達・恋愛)　例)心にジーンとくる言葉や詩の紹介

② いま,いちばん子どもに考えさせたい出来事は何かを整理する。

▶ 今日この日の黒板メッセージでなければ,時期を逃してしまうものを最優先する。

これは明日でもいいか,と思っていると,明日は明日で大変な出来事が起こって書くタイミングを逃してしまった……ということも。タイミングがずれてしまうと,子どもの心にすっと入っていかないので,「いましか書けない事」を選ぶのがコツ。

2 放課後にメッセージを書く

文章を書くことに抵抗がある場合や慣れない間は,書く材料をメモしたり下書きをしておくとよい。あったことや体験をだらだら書くのではなく,教師の思いや価値観を書くようにする。思いが強すぎたり,重すぎたり,軽すぎたりしないように,注意も必要。

3 メッセージを読み返す

「子どもが翌朝学校へ来て,このメッセージを読んだら……」と想像しながら,書いたメッセージを読み返す。誤解を招く表現ではないか,気持ちよく過ごせる文章になっているか。注意を喚起する内容でも,「よし,頑張ろう!」という気持ちにさせる言葉が含まれているかを,もう一度見直す。少しでも気になる言葉や表現が含まれていたら書き直す。

▶ 愛情を感じる文章表現が含まれているかどうかがポイント

例文)「1年2組のみんな,おはよう!」「みんなのことが大好きです」「みんなの心の中にある良心を呼び戻そう」「先生はみんなのやる気を信じています」「○○君の温かい行動にみんなで拍手!　○○君,どうもありがとう!」等

中学校向き

みんなで成績アップ！
──掲示物の工夫あれこれ

中屋晶子

◆ねらい

　教室は子どもたちにとって居心地のよい安心できる場所であってほしいものです。「ここは自分たちのクラス」「自分の教室に帰ってくると何だかほっとする」「このクラスでよかった」そんな子どもたちのつぶやきが聞こえてくる教室は，学級全体が明るく温かい雰囲気をもっています。学級づくりの基盤のひとつとなるこうした温かな学級の風土をつくるためにも，学級掲示の工夫は欠かせません。掲示物が子どもたちにとって「意味のある掲示物」となるように，子ども同士のかかわりや個々の学級での役割，学級への所属感など，それぞれの掲示物に明確な意味をもたせましょう。

　教師が仕掛けた掲示物に，子どもたちが手を加え活用することで，生活とつながり，学級の仲間や自分の未来とつながる。1年間を通してそんな掲示物を工夫しましょう。

◆ここをしっかり！

学習とつなげる（学び合い）

　定期テスト1週間前に，教科別の模造紙を用意し，クラス全員で今回のテストで必ず覚えておきたい語句や公式，予想問題などを書き込みます。勉強方法なども合わせて記入し，テスト前日まで掲示します。掲示後も，思いついたときいつでも書き足せるよう促します。

仲間とつなげる（所属感）

　運動会や文化祭など行事でもらった表彰状は飾るだけではもったいない。表彰状をカードサイズ（生徒手帳や財布などに入る大きさ）に縮小コピーし，裏に担任からのメッセージ（いつも話しているような，子どもにとっては耳慣れた言葉）を1枚1枚に書いて箱に入れ，一人一人にくじを引くように引いてもらいます。その際，人数分より多めに作成しておくと，最後に引く人も「余り物」にはなりません。自分で引き当てた表彰状の裏に書かれたメッセージは，不思議と自分自身にいちばんしっくりくる言葉が書かれています。

未来とつなげる（自己実現）

　1年生や2年生のときには，所属学年の学年だよりと学級通信のほかに，上級生の学年だよりや学級通信を掲示します。そうすることで，学校生活を1年（あるいは2年）先取りでき，自分たちの1年（あるいは2年）後の姿を想像することができます。

ここがちがう!!

掲示物も一人一人違う色のサインペンで書くことで,仲間と一緒に学んでいるという実感が得られます。また,ミニ表彰状の裏に書かれたメッセージは,聞き慣れた先生の言葉だからこそ,自分で引き当てたとき,あたかも先生が自分のために書いてくれたメッセージとして受け止めることができるのでしょう。そして,上級生の学年だよりの活用では,担任がその学年だよりを読みながら,いま,子どもに何を伝えたいかが実は大切なのです。

進め方

1 準備

学級人数分のサインペンと,模造紙を教科ごとに1枚ずつ用意し,模造紙の中央に教科名を入れ,円で囲む。その円の外側にも大きな円を描いておく。

2 今日の活動のねらいを伝える

「定期テストまであと1週間です。今日はクラスのみんなで今回のテスト範囲の大事なポイントや覚えておきたい語句や公式などを出し合って,クラスの仲間と一緒に乗り切ろうと思います。自分の得意な教科について,これだけは押さえておきたいポイントや語句,とっておきの勉強方法など,みんなの役に立つ情報をどんどん模造紙に書き込んでください。」

3 グループごとに模造紙に情報を書き込む(ウェビング)

① 「円の内側にはポイントや大切な語句を,外側にはとっておきの勉強方法を書いてください。」
② 7分たったら,次の教科の模造紙にグループで移動し,①と同様に記入していく。
③ ①,②を繰り返す。

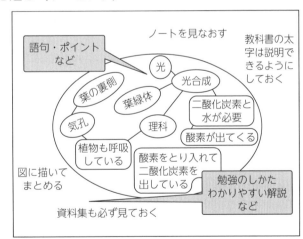

4 模造紙を教室に掲示する

「クラスみんなの知恵が集まった1枚になりました。まだ書くスペースがあるのでこれからテスト勉強をしながら,気づいたことや書き加えたいことができたらどんどん書き足していってください。わからない問題ができたら質問を書いてもいいですよ。友達の質問を見つけたらわかる人が回答してあげてください。」

▶ 掲示した後も活用しながら情報を増やしていく。

中学校向き

学級だより
我が子の見える学級だより
——全員参加で学級と家庭をつなぐ

有吉美春

◆ねらい

　中学生の多くは1日のうちの半分を学校で過ごしており，家族と過ごす時間よりも，実は学校で過ごす時間のほうが圧倒的に多いのです。保護者にとって，わが子が今日1日，どんな学校生活を送ったのかは気になるところでしょう。大切な子どもを預かり，共に生活している以上，学級の様子を学級だよりとしてお知らせすることは，教師にとって重要な仕事の一つだと思います。また，学級の情報を保護者に提供・発信するだけでなく，学級だよりに返信欄を設けて，保護者との連携や信頼関係を築き上げていくこともできます。

　学級だよりは，無理のないペースで取り組むのがよいと思います。私はA4両面，週1回が目安ですが，B4でもA4片面でもOK！　自分の継続できるサイズがよいでしょう。

◆ここをしっかり！

手書きの味

　学級だよりを手書きで発行すると喜ばれます。また，学級だよりのタイトルに，子どもの書いた文字を使うと，もっと喜ばれます。さらにひと手間工夫して，子どもが書いてくれた文字と一緒に，名前や顔写真，好きな言葉など，その子どものことも紹介しましょう（掲載については年度当初に本人と保護者からの承諾・許可をとっておきます）。

学級で起こった出来事を中心に

　学級だよりには学級で起こった出来事を中心に書きます。子ども同士の面白い会話のやりとりや子どものよさが光るエピソードなど，1週間の出来事を思い出しましょう。ほかには学級の経営方針や世の中のニュースについて教師が感じたこと，ときに，学級で起こったトラブルも紹介し，学校と家庭で話題を共有して考えてもらうのもねらいの一つです。授業の様子や道徳の時間の内容，ときには子どもの作文や感想も紹介します。

保護者の返信欄を設定する

　学級だよりを双方向でやりとりをすると，保護者の考えや意見がわかります。保護者のコメント・感想から勇気や力をもらったり，励まされたりすることもたくさんあります。返信には必ずコメントを添えて返却します。厳しい意見を頂いたときも，保護者の思いや立場を考え，感謝とお礼の言葉を必ず添えます。

> **ここがちがう!!**
>
> 学校からの配布物の中で，子どもが必ず読みたくなるのが学級だよりです。学級の日常で起きたことについて，担任の先生はどんなことを感じ，どんなメッセージが書かれているのか気になるからです。また，学級だよりを読むことで，そこに書かれた内容をクラスの仲間とシェアできるのです。教師自身の哲学や価値観など，折にふれ書いておくと，漢方薬のように効いてきます。

◆ 進め方

1 「学級だより」のルールを保護者へ伝える

・1年生ならば入学式後の学活（または参観日の学級懇談会，家庭訪問等）で，保護者に「学級だよりを書きます」宣言をする。

・学級で起こったことや子どものことについてのお便りなので，子どもの写真や作品，文章を掲載することについて承諾をもらう。

・返信欄を設けるので，返信欄に保護者からのコメントや「見ました」等の確認印をもらい，ファイルに綴じて学校へ持たせることを確認しておく。

　▶学校の行事予定やほかの文書で連絡がありそうなことは書かないことを確認しておく。

2 タイトルに使う子どもの顔写真を撮る

　4月の最初の学活で，学級だよりに使う子ども一人一人の顔写真を撮る。

　▶必ず笑顔の写真を撮る。子どもがカメラの前で笑顔がつくれないときは，日を改める。

　教師に対して警戒心や緊張があるようなら，子どもをカメラマンに任命して撮らせる。または，おもしろいことを言って笑わせてくれる子どもを教師の横に立たせて，笑わせてもらうのも一つの方法。紙に記録として残るし，無表情の顔よりもやはり笑顔で写った写真が学級だよりのタイトルになると保護者も喜ぶ。

3 学級だよりに掲載する子どもの写真・文章はチェックする

　写真や子どもの感想文や日記等を掲載するときは，その都度，名前と回数をチェックしておく。子どもの掲載される回数に偏りがないようにする。

　▶できるかぎり，学級の子ども全員が掲載されるように配慮する。

4 出来上がった学級だよりは，先輩教師に見てもらう

　学年主任や副担任など，できるだけ多くの先生に学級だよりに目を通していただく。文章表現で気になるところはなかったかなど，客観的に見てもらうと誤解やトラブルを防ぐことができる。また，学級の様子や，担任としての学級経営方針をほかの先生方にお知らせすることになり，学級や子どもの様子を細かく理解してもらえる。

　▶子どもに配布する分を印刷する前に，管理職には必ず見せる。

　完成した学級だよりを一部教室に掲示しておくと，各教科担任の先生にも見てもらえる。

中学校向き

学年だより
めざせ！ 読み手と教員の距離が
グッと縮まる学年だより

大久保隆一

🔷 ねらい

　言わずと知れた「学年だより」。その形式は学校により，学年により，執筆者により，形式はまさに千差万別。しかしその思いはただ一つ。いまの学年の様子を伝えたい。

　ところがその伝え方を一歩間違えると，読者（保護者や子どもたち）にうまく思いが伝わらなかったり，いらぬ誤解を生んでしまったり，場合によってはクレームにつながることも……。たかが学年だより。されど学年だより。ただ何となく発行せずに，意図的に発行することで，保護者や子どもとの距離がグッと縮まる。それが「学年だより」です。

🔷 ここをしっかり！

定期的に発行する

　学年だよりを「定期的」に発行します。何か出来事があったときにだけ発行したり，頻繁に発行する時期と間隔が空いてしまう時期があるといったことのないようにします。学級通信を毎日出す先生をときどき見かけますが，学年通信を毎日出すことはなかなかむずかしい。ならば1週間または2週間に1回，必ず出す。しかも同じ曜日に出す。（私は長年2週間に1回，金曜日発行と決め，入学時の保護者会で宣言しています。「これが学校からのプリントを持って帰ってちゃんと見せているか，というバロメーターになります！」）

予定表は正確に

　保護者は学年だよりの予定表をかなり詳しく見ています。給食はあるの？　下校時刻は？　保護者会はいつ？　など，お子さんの動向を学年だよりによって知り，ご自分の予定を立てている方も多いのです。保護者にとって必要な情報を正確に掲載しましょう。

「読みたくなる記事」？　それとも「読みたくなくなる記事」？

　当然のことながら，読みたくなる記事を多く掲載しましょう。「最近，授業中のクラスの雰囲気が落ち着きません！」「校則違反が目立ちます！」「ご家庭でも注意してください！」の連呼は読む意欲をそぐことになります。注意はトピックス程度にとどめ，主文はプラス思考で書くとよいでしょう。ときには学校生活とはまったく関係のない話題を載せてみるのもよいですね。私はときどき自分の家族のことや，帰宅途中に出会った人の話を載せたりします。自分の感性を読み手にぶつけてみる。意外とよい反応が返ってきます。

第 I 部　学級づくり

> **ここがちがう!!**
>
> 実は，この学年には『学年通信』と『学年だより』がありました。担任ではなく，学年主任という立場を利用して書かれた『学年だより』のタイトルは「ちょっと離れた所から」でした。そして記念すべき第１号の出だし部分には次のようなことが書かれていました。〔私たち学年教員と保護者の皆様のパイプ役が務まればと考えています。〕つまり，大久保学年主任の学年経営の一つとして，この『学年だより』が大活躍したわけです。

◆ 進め方

1 レイアウトを考える

　学校からはさまざまなたよりが発行されるので「学年だよりは，これ！」というレイアウトを作る。私は常にＢ４判横置き横書き１枚で，左半分がタイトルとその号の巻頭言，右側に行事予定と諸連絡という構成にしている。巻頭言には子どもや学校の様子など，読んで気持ちよくなるものだけを書く。注意したいことがあれば，右半分のスペースを使う。

　▶読んですぐに「読む気がなくなる」ような体裁にはしない。

2 行事予定欄

　できるだけ簡潔に，しかも正確に。定期発行が定着すると，学年だよりの行事予定欄を見て保護者が予定を立てるようになる。何時間授業？　下校は何時？　給食はあるの？　などの情報を的確に伝える学年だよりは，じっくりと読んでもらえるようになる。

　▶予定欄は教師が思う以上に重要な情報源である。

3 「Good 学年だより」と「NG 学年だより」

　▶読み手と教員の距離がグッと縮まる学年だよりにしたい。

　◎学年だよりのよいところ

　　・時期に合った内容で，ユーモアをもって書かれている。
　　・親や子どもたちが「なるほど!!」と思う話題。
　　・子ども（読み手）との絶妙な距離感でひきつける言葉づかい。
　　・読みたくなるタイトル，ホットなニュース。

　▶具体的な表現で子どものがんばりが表現されているものをめざす。

　●こんな学年だよりはダメ！

　　・「○○君」ばかり掲載されるたより。（表彰者の掲載ばかりだと陥りがち）
　　・「学校で困っていること」ばかり掲載したり，感情的な表現で書かれたもの。

　上のコメントは，私の発行する学年だよりについて先生方に聞いたアンケートの結果である。先生方もよく見ている。そして学年だよりは教師が想像する以上に，保護者にとっては大切なもの。形式的になったり，義務的・事務的に発行するのではなく，どうせ発行するのならば，読み手と教員の距離がグッと縮まる学年だよりにしたいものだ。

中学校向き

子ども主体の面談週間で信頼関係づくり

石黒康夫

◆ ねらい

　子どもたちは教師と，一日の多くを一緒に過ごします。しかし，その割に子どもたちは担任や部活動の顧問など特定の教師以外と話をする機会があまりないのではないでしょうか？　ましてや校長や教頭（副校長）とは，もしかすると卒業するまで一度も話したことがないという子どももいることでしょう。

　子どもたちと教師がお互いをよく知り，信頼関係で結ばれていることは，落ち着いて安定した，そして潤いのある学校生活をつくり上げるためにも大切なことです。そこで，学級や学年の枠を越えて管理職も含めたすべての教師を対象にして，「子どもが話をしてみたい教師」と話す面談週間を行います。子どもが教師に自分を理解し受け入れてもらえたと感じてもらうことをねらいにしています。

◆ 参考文献
森俊夫『先生のためのやさしいブリーフセラピー——読めば面接が楽しくなる』ほんの森出版

◆ ここをしっかり！

教師はひたすら聞き役になれ！

　子どもたちが話したいことを何でも話し，教師はひたすら聞き役になります。子どもの話を聞き，子どもの話の中からその子どものよさを見つけて褒めるのです。あるいは子ども自身が気づいていないその子のよさを見つけて褒めるのです。

重要なことは後日，時間をとる

　子どもから助言を求められたらそれには誠実に答えます。また，いじめやその他の悩みなど深刻な事柄が話題として出たら，後日もう一度面談をする約束をします。そして，「これは大切なことだから，担任やそのほかの先生に話してもよいか」と子どもに確認し，相談された教師も含めチームでその事柄に対応します。

必ずシェアリングする

　振り返り用紙を用意し，面談の感想や面談してくれた教師へのメッセージを子どもに書いてもらいます。そして，面談の感想は「学校だより」などに載せて全校でシェアリングします。教師へのメッセージもその教師にフィードバックします。

> **ここがちがう!!**
>
> 何か問題が起きてから,はじめて子どもと話そうとしても,ラポールを築く前に,その問題について話すのは厳しいものがあります。ラポールとは,フランス語で「橋をかける」という意味で,ポジティブな感情交流によってのみ築けます。こうした取組みは,年度当初のなるべく早いうちに行うことで,学校内に話したことのある教師が「担任以外に1人はいる」という環境を整えることができます。リレーションの前に,まずはラポールです。

◆ 進め方

1 事前準備

①面談をする教師(管理職も含めすべての教師,可能ならば,用務主事,給食主事,事務など教師以外も)の顔写真(できれば)と名前が入ったプリントを用意する。面談希望用紙(P127)と振り返りのアンケート用紙(子ども用 P128,教師用)を用意する。

②①のプリントと面談希望の用紙を子どもに配布し,自分が話をしてみたい教師を3人まで書いてもらう。(「誰とでも」という子どもがいると,あとで調整がしやすい。)

▶ここでは「第一希望」などのような順位はつけない。

③調整担当教師が,子どもの希望をもとに調整する。調整は,担当教師が1人で行う。調整終了後,各教師と面談希望している子どもの名前を各教師に伝える。

▶子どもの希望の詳細はほかの教師には伝えない。

④教師は,面談希望者を面談週間内の決められた時間で割り振りをする(1人10分程度)。そして,クラス,番号,子どもの名前,面談日時,面談場所,面談者(自分)の名前,一言メッセージを「(面談)招待状」に書き入れ,子どもの学級担任に渡す。

▶担任は,招待状を子どもに渡す。

2 面談当日

①教師は聞き役に専念し,子どものよさを見つけて褒める。学習や進路,部活のことを相談されることもある。その際,教師は,自分の体験も交え自己開示して誠実に助言する。面談終了後子どもに振り返り用紙を渡し,記入して担任に提出するように伝える。

▶教師が聞き役に徹することと,自己開示することがポイント。

②すべて面談が終了したら教師も教師用の振り返り用紙(感想など)を記入する。

3 事後処理

①担当者は,学級担任から,子どもたちの振り返り用紙を回収する。子どもたちの感想は,善しあしにかかわらずすべて集約し,「学校だより」などで全校に知らせる。「学校だより」にすれば,保護者や地域の方も見ることができる(シェアリング)。

②子どもから教師へのメッセージは,教師ごとにまとめてその教師に渡す。また教師の感想も集約し教師間で回覧する。

中学校向き

次の学年に一歩踏み出すための エネルギーチャージ

橋口和恵

◆ねらい

　3学期は，1年のまとめをする学期です。3月にはクラス替えや進学によって，クラスは解体され，4月には新しい仲間と生活していくことになります。同じ仲間と同じクラスで生活することができる残された時間を大切にしてほしいと思います。1年間共に過ごした仲間に感謝するメッセージを付箋に書き，教室の後ろに掲示します。いつも"ありがとう"と思っていても恥ずかしくて伝えられないのが中学生です。"ありがとう"を言える機会をつくることで，素直に仲間に伝えることができます。そして，仲間からの"ありがとう"から自分の良さに気づきます。その後，さらに"ありがとう"を仲間に伝えたくなります。自信をつけて，次の学年に一歩踏み出す勇気づけとなることを願って，2月に行います。

◆ここをしっかり！

日ごろから人のよいところを見つけるように仕組む

　突然，仲間のよいところを書きなさいと言われても書きづらいものです。また，仲の良い仲間のことしか書けないというのも寂しいものです。1年を通して，友達のよいところを見つけて感謝するような活動を入れていきます。

　　例）
・席替え・班替えのときに
　　班の人のよいところと感謝の言葉を添えてメッセージを書き，渡し合う。そうすることで，自分が何気なくしていたことが，仲間にとってよい行動であることに気がつき自分を振り返り，さらに行動を高められるようになる。また，書くことによって友達のことを意識して見るようになる。
・終学活の班会で
　　終学活の班会で，頑張っていた人を見つけて報告する。
・行事の取り組みで
　　目立っていた人だけでなく縁の下の力持ちで陰ながら支えていた人にも焦点を向けるように，通信等を使って紹介する。

第Ⅰ部　学級づくり

ここがちがう!!

学級経営のスタートは，学級開きからではなく，学年末の「分離の儀式」から始まるといっても過言ではありません。大きな行事も終わり，なんとなく過ぎてしまいがちな3学期。見方を変えると，1年間，共に過ごした仲間だからこそできる活動を，能動的に仕かけていきます。出会いは偶然ですが，別れは必然です。別れることの不安を，その人と出会えたことへの感謝に焦点を当てることで，新たな出会いに勇気がもてることでしょう。

◆ 進め方

1 活動のねらいを伝える

朝学活で「これから1週間をセンキューウィークとします。"ありがとう"を千くらいたくさん見つけようという取り組みです。4月からずっと一緒に生活してきたクラスの仲間へありがとうをたくさん伝えて1年間を終えてほしいと思います。終学活で1人3枚付箋を渡します。そこにありがとうのメッセージを書いてもらいます。たくさんのありがとうを見つけてくださいね。」と話す。

2 終学活でありがとうメッセージを書く

付箋を1人に3枚ずつ配り，書いた人から教室の後ろのハートの書かれた掲示物に自分で貼りに行く。

▶ こうすることで，貼りながらほかの人がどんな"ありがとう"を書いているのか見ることになる。

3 ありがとうメッセージを紹介する

放課後，全員の付箋を見て，みんなに紹介したいものをメモしておく。翌日の朝学活で「係でもないのに，私が配布物を配るのにバタバタしていたら手伝ってくれてありがとう」など，あまり目立たないが，陰ながら頑張っている人などを紹介し，そのことを見つけることができた人もすばらしいことを伝える。

▶ そうすることで，"ありがとう"の内容が少しずつ深いものになっていく。

4 同じ班の人や同じ係の人など限定して書かせる日を設定する

▶ クラス全員が均等にメッセージがあるといいのだが，偏ってしまうこともある。そんなときには，条件をつけることで，全員に向けてのありがとうメッセージが集まる。

5 通信で，センキューウィークについて書いてある日記を紹介する

「日ごろからたくさんありがとうと言いたいのですが，"ありがとう"を言う勇気がなかったのでとてもいい機会でした。"ありがとう"をたくさん見つけて伝えるぞ。」

▶ 生徒の思いを紹介することで，クラスの雰囲気が温かいものとなる。

6 「感じたこと，気づいたこと」を振り返り用紙に記入する

7 振り返り用紙の内容を再度通信で紹介する。または教師が読み上げて紹介する。

中学校向き

一人一役と役割交流で共に育つグループ活動

加藤みゆき

◆ねらい

　学校生活の大部分は生活班が中心ですが，行事などの取り組みでは，毎回全員が一人一役を担い，同じ役割の仲間との小集団で活動を積み重ねていくようにします。各グループが工夫できる範囲を最大に保証し，教師は子どもの創造的な活動を全力で支えていきます。

　1年間のさまざまな学校行事や学級行事を通して，変化に富んだ小集団での活動を幾重にも仕組むことで，小集団を中集団，大集団へと開き，学級集団を徐々に成熟した状態にしていきたいと思います。

◆ここをしっかり！

どんなときも「一人一役」

　学校行事でも学級行事でも，どんなときにも「あなた」の力が必要であることを熱く語ります。リーダーとフォロアーという役割を与えただけでは，いまの子どもたちは動こうとしないので，一人一人が創意工夫のできる役割を担ってもらい，クラスに貢献できるように活動することを求めていきます。子どもに任せることは教師としては勇気のいることかもしれませんが，任されることで子どもはぐんと大きく成長していきます。

いろいろな人と活動するから自分では気づかなかった自分に気づく

　クラス目標に照らし合わせたり，教師の願いを語りながら，毎回，いろいろな人とのかかわりが生まれるようなグループができるように配慮します。一人一役を決めるとき，最初は興味関心や立候補で決めますが，2回目からは苦手なものにあえてチャレンジしたり，前回の取り組みで一緒になった人以外の人と活動を共にすることで，より多くの気づきが得られることを伝えます。

「できる」と心から信じる

　いろいろな子どもがいますが，心から「できる」と信じることが出発点になります。先生が信じてくれているのか，信じてくれていないのか，子どもはすぐに見抜きます。条件なしに，信じるのです。もしもできなかったときこそ，チャンスです。どうしたらできるだろうと一緒に考えていくことが，子どもの自己有用感を高め，集団へ自己を開いていくきっかけになると思います。

> **ここがちがう!!**
>
> 数年前，ぐるなびのキャッチコピー（忘年会シーズン）に『仕事だけの関係だったらあんなに仕事していない』というのがありました。リレーションには，役割関係（ロールリレーション）と感情交流（パーソナルリレーション）があります。人間関係が浅い段階では，役割関係から感情交流へと徐々に広げることで抵抗感が下がります。故に，ここで紹介されているように，とにかくいろいろな人とかかわるために仕掛けていくことが大切です。

◆ 進め方

「新しい仲間，新しい自分と出会うチャンスがやってきました。まだ一緒に活動に取り組んでいない仲間とグループをつくりましょう」などと呼びかけて，一人一役を決めていく。一人一人が創意工夫を生かしてクラスに貢献できる役割を，学級委員や実行委員などと一緒に考え，役割名なども楽しく工夫する。

① 運動会（5月），合唱コンクール（10月）の2回の学校行事を軸に，全員で準備と取り組みに参加し，全員がグループで役割を担うことで学級に貢献する意識をもてるようにする。

② クリスマス会（12月）では，グループごとに創意工夫のある活動を仕組む。

③ ThankYouTeacher企画（3月）では，各グループがクラスを代表し創意工夫を生かして，全教科担任に1年間の感謝の言葉を伝える。最後に思い出作成ビデオでは，1年間のクラスの思い出を月別に6つのグループに分け，3分以内で寸劇にしてビデオを作成する。学活の時間に全員で鑑賞し，1年間を振り返る。

【運動会】
全員リレー作戦部長
大縄跳び作戦部長
声出し番長
選抜リレー作戦本部長
バトン管理責任者
3人4脚管理責任者
シンボルマークチーム
いいひとかーどはりはり隊

【合唱コンクール】
パートリーダーチーム
練習準備チーム
歌詞カードチーム
楽譜きれいきれいチーム
CD作成チーム
練習計画作成チーム
クラススローガンチーム
いいひとかーどはりはり隊

【学級クリスマス会】
司会
ゲーム説明
教室飾り付け
手品チーム
出し物Boyチーム
出し物Girlチーム
クイズチーム
衣装チーム

【ThankYouTeacher企画】
教科担任の数
→11のグループを作る。

【思い出作成ビデオ】
4・5月グループ
6・7月グループ
8・9月グループ
10・11月グループ
12・1月グループ
2・3月グループ

▶ 1年間を通して，いろいろな人とかかわれるグループを組むことで，子ども同士のつながりが広く深くなっていく。出来栄えではなく，どれだけ仲間とかかわれたかを大切にする。

小・中学校向き

「みんな」ってすごい・基本形
何に見える？

鹿嶋博章

🔷 ねらい

　ランダムに○がたくさん書かれた用紙を見ながら，何に見えるかを連想していきます。たくさん書ける子どもはもちろんみんなから「すごい」と思われます。また，誰も思いつかない連想をした子どももみんなから「すごい」と思われます。何も書けなかった子どもや，そもそもやる気のなかった子どもも，人の意見を聞いていて「おぉ～」「あぁ～」とリアクションを見せます。その感嘆の言葉は，ひらめきや気づきの瞬間に脳が反応したときに発せられる声，つまり脳が成長した瞬間に出る言葉であると定義すると，互いに成長を喜び合うことができます。このようにして，気づいたころにはクラスの子どもみんなが「『みんな』ってすごい」「『自分』ってすごい」と思ってしまいます。

🔷 ここをしっかり！

辛抱強く子どもから出てくる感嘆の言葉を待つ

　自発的に出てくる「おぉ～」「あぁ～」という言葉を大切にしていく活動です。個人作業が終了した後は，「何個書けた？」と声をかけるのみに留めます。班の中で発表し合い，自分では気づかなかったことを聞いて「おぉ～」とか「あぁ～」とかの声が出たらすかさず拾い，説明します。「『おぉ～』とか『あぁ～』という言葉は，ひらめきや気づきの瞬間に脳が反応して発せられる声です。つまり，脳が成長したときに出る言葉なのです。」この説明をした瞬間から，子どもは自分の成長，友達の成長を感じることができるようになります。

時間外の意見は聞き入れない

　班ごとに発表し合うとコツがわかり，次から次へと新たな発想も出てきて，「先生，○○もありですか？」と嬉しそうに話しかけてくる子どもがいます。このとき，その話に引きずられてしまわないように注意します。一度その意見を受け入れてしまうと，「私も，私も」と多くの子どもが反応してくることでしょう。連想ゲーム大会ではありません。目的が逸れないように，時間内で書いたことの中で話し合うことを約束しておきます。ともあれ，子どもはそれだけひらめく力をもっており，かつ自分の意見を受け止めてほしいと思っていることを実感しながら進められることでしょう。

第Ⅰ部　学級づくり

ここがちがう!!

学級集団づくりに関する本の中には，自分の学級でやってみたいなと思うものが数多く載っています。「やってみたいもの」と「やれるもの」は必ずしも一致しないため，躊躇している先生もいらっしゃるのでは？　この活動は，互いに認め合い高め合える関係づくりの前提となるもので，学級の耕しともいえる内容です。教師は「『みんな』ってすごい」「『自分』ってすごい」のねらいを達成するための言葉がけに徹することが大切です。

◆進め方

1 黒板に「『みんな』ってすごい」「『自分』ってすごい」と書く

2 目的を伝える

　一人の発想や考えをみんなで認め合える環境が授業や学級をよりよいものにしていく。教師としての授業や学級への想いを添えて，なぜこの活動を行うのか説明するとよい。

3 黒板に○をいくつか書き，それらを四角で括る（右図参照）

4 何に見えるか，自分が連想したものを2分間でノートに書く

5 時間終了後に何個書けたかを聞く

6 班の中で発表し合う

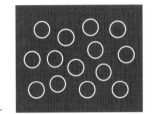

　このときに，ほかの班員が言ったもので自分にないものがあれば，赤ペンなどで追記させるようにしておく。

7 班で話し合い，ほかの班は絶対に思いつかないと思うものを一つ決める

8 班ごとに発表し合う

9 振り返り用紙を記入する

10 回収して，子どもにフィードバックしていく

　▶これまでに出たものを一部紹介する。

　シャボン玉，水玉模様，チーズ，輪なげ，オセロ，マンホール，原子，ビリヤード，傘を差した人を上から見たもの，切り株を上から見たもの　その他多数

◆応用

① 「カタカナでできてる漢字は？」

　工，力，夕，二，口，名，回，品，兄，加，呂，外，仏，予，元，四，多，侶，只，江，伊，比，公，化，伽，浴，花　など

② 「囲の中に隠れている漢字は？」ただし，はらいのように曲がるのはOK，線が多少，短くなるのはOK，長く伸ばし，はみ出るのはNG。

　旧，区，因，困，出，乙，己，水，火，干，上，下　など

小学校向き

学級会議
学級目標を達成するための学級力向上会議

黒木大輔

◆ ねらい

　望ましい学級集団というと，「ルールを守ることができる学級」や「いじめがなく優しい雰囲気の学級」とともに，「子どもたちが自分たちの手でつくりあげる学級」がイメージされますが，それを指導することのむずかしさを感じることのほうが多いのではないでしょうか。

　そこで，私はまず，子どもたちの考えを生かして学級目標を設定します。次に，アンケートを実施して現在の学級状態を数値化し，目標に向けた改善のための話し合いを行います。そして，この会議で決まった取組みは学級全体で実践していきます。「子どもたちが主体となった学級集団づくり」のための，学級力向上会議を活用したシステムです。

◆ 参考文献
田中博之『学級力向上プロジェクト』2013年，金子書房

◆ ここをしっかり！

|子どもたち全員の願いから学級目標を設定すること|

　学級目標がただの飾りにならないように，子どもたちの学級への願いから学級目標を設定します。目標とする学級像を子どもたちに考えさせ付箋に書かせます。その後，イメージに近いものでグループ分けを行わせて集約し，学級目標を設定します。

|学級の状態を可視化できるようにすること|

　学級目標に沿ったアンケートを作成し，定期的に実施します。集計後にグラフ化して掲示しておくことで，学級目標に対する意識の変容が一目でわかり，子どもたちは現在の学級のよさや改善点に気づくことができます。

|目的を明確にした学級会を行うこと|

　学級目標におけるどの項目を達成するために会議を行うのか，アンケート結果を根拠として議題設定の理由で子どもたちに述べさせるようにします。

|PDCAサイクルのシステムをつくる|

　計画（会議）→実践→実践の再検討（会議）→実践のサイクルを実施することで，学級目標の達成に向けて継続的に取組みを改善することができます。

第Ⅰ部 学級づくり

> **ここがちがう!!**
>
> 学級をよくするのも悪くするのも子どもたち自身です。自治活動ができるシステムを作り，いかにサポートするかが学級担任の腕の見せどころです。年度当初の慌しさもあり，おろそかになりがちな学級目標ですが，子どもたち全員の願いの込められた学級目標を作成することこそ，自治活動を促進する起爆剤となります。そして，みんなで考えた目標をみんなで達成するためのPDCAサイクルにより，誰もが学級の主人公となるのです。

◆進め方

❶ 学級目標を決める

　学級開きから1か月ほど経過したころ，学級活動の時間に学級目標を設定する時間をとる。これまでの学級での生活を想起させながら，一人一人が力を伸ばすことのできる学級とはどんな学級かそれぞれ考えさせる。考えた目標を付箋に書かせ，模造紙に貼らせていく。その際，イメージに近いものでグループ分けを行わせて集約し，学級目標を設定する。

　▶学級目標に沿った学級の旗や掲示物を子どもたちと共に作製すると学級づくりへの意欲はさらに高まる。

❷ 学級力アンケート（P129）を実施する

　学級目標に沿ったアンケートを定期的に実施する。

　▶集計を行ったあと，グラフ化して掲示しておくことで，学級目標に対する意識の変容が一目でわかり，子どもたちは現在の学級のよさや改善点に気づくことができる。

❸ 計画を立てる学級会（学級力向上会議）を開く

　司会の子どもたちとアンケートの結果をもとにして議題を設定する。学級目標を達成するためにはどうすればよいかといった話し合いを行い，具体的な実践事項を決める。

　▶学級全体で取り組むこと，係活動や当番活動として実践することなど役割分担までできると実践にスムーズにつながる。

```
計画を立てる学級力向上会議の流れ

【話し合いの柱】
1．学級力を高めるにはどうしたらよいか
　○現在の学級力について
　○今後どの力を伸ばしていくか

2．具体的な取組みはどうするか
```

❹ 会議で決定した実践を行う

❺ 学級力アンケートを実施する

❻ 取組みを検証する学級会（学級力向上会議）を開く

　アンケート結果をもとにして，前回決めた実践事項が有効であったか話し合う。

　▶有効であれば継続，有効でなければ別の取組みを検討。

❼ ❷～❻のサイクルを繰り返し実施する

```
取組みを検証する学級力向上会議の流れ

【話し合いの柱】
1．前回の学級力向上会議で決めた取組みはどうだったか
　○現在の学級力について
　○決めた取組みは効果があったかどうか

2．決めた取組みを今後どうするか
```

小学校向き

学級会議
アンケート結果を活用した学級会議

岡林宏枝

◆ねらい

「学級風土アンケート」の結果をレーダーチャートで表します。その結果から，子どもたちが学級の強み（長所）や弱み（短所）に気づくことにより，学級の課題を自らとらえ，よりよい学級をつくるために，自治的な学級風土を育てることをねらいとした取り組みです。

◆ 参考文献
・「あったかアンケート（小学校用ハンドブック）」高知市教育委員会
・「あったかプログラム」P.64，65　高知市教育委員会

◆ここをしっかり！

スマイルタイム（学級会議）の前に3つの確認

「スマイルタイム」の意義について，子どもたちと意識を統一するために，会議の前に3つの確認をします（ミニ黒板等に書いたものを掲示しながら確認）。
①この学習は，「アンケート」をもとに，自分たちの学級を見つめなおす時間であること
②自分も友達も互いに認め合い，みんなが自由に意見を出し合う場であること
③もっとすてきな〇年〇組になるために，よりよい取り組みを考えること

レーダーチャートの見方

アンケートで全員100点をつけることは大変むずかしいことです。レーダーチャートの結果も，10点中10点になることはほとんどありません。ですからはじめに，「点がいちばん外側にあるのが当たり前ではないこと，この丸い形を広げていくことがすてきなこと，みんなで広げていける学級にしよう」と子どもたちに話しておきましょう。

時間は十分とり，子どもたちの思いを語らせる

最初の会議では，アンケート結果から学級の長所・短所について話し合います。それだけで1時間話し合うことができます。子どもたちの思いを語らせてあげてください。抽象的な意見も出されますが，そのときは具体的な内容を聞き返すなど，当事者としての思いを語らせてあげてください。思いを語らせることで，互いの思いを受け止める話し合い活動になります。

第Ⅰ部　学級づくり

ここがちがう!!

アンケート結果をレーダーチャートにすることで，子どもたちは学級の長所と短所を視覚的にとらえることができます。また，めざすクラスの姿は抽象的な言葉になりがちですが，そのための取り組みは，具体的な行動レベルで考えることが重要です。何（課題）をどのくらい（カウントできるもの：何分間・何回など）行ってどのような状態をつくるかが具体的であればあるほど，子どもたちは取り組みやすくなります。

◆ 進め方

❶ 第1回「スマイルタイム」を行う

①「学級風土アンケート」の結果のレーダーチャートをもとに，学級の長所・短所について話し合う。

　▶レーダーチャートと直接関係のない内容でも，その子どもの意見を大切にする。

例）長所：「○年○組は，友達の発言をひやかさない人が多いと思う。」

　　　　　「クラスの長所は，目標に向かってがんばっているところだと思います。」

　　短所：「教室の床にゴミが落ちていても拾う人が少ないところ」

②学級の長所・短所について確認したあと，「1学期の終業式までにめざすクラスの姿」について話し合う。

例）「みんなで協力し，気持ちのよい教室にしよう」

③めざすクラスの姿になるために，これから学級で取り組みたいことについて考える。

　▶子どもたちは学級の現状を受け止め，低かった項目を中心に意見を発表する。

例）「授業中と休み時間のけじめがついている」が低い場合

　　　子どもたちの意見「1分前には授業の準備など，授業にのぞむ態勢をつくっておく。」

例）「教室の床に物やゴミが落ちていない」が低い場合

　　　子どもたちの意見「『明日のための2分間コーナー（帰りの会）』でゴミを拾おう」等

❷ 第2回「スマイルタイム」を行う

①1学期末に同じ「学級風土アンケート」を行い，その結果をもとに第2回「スマイルタイム」を設定する。第1回「スマイルタイム」のときのレーダーチャートと比較する。

②これまでの取り組みの成果や課題について再検討し，2学期の取り組みを決める。できていた項目は学級のよさを再評価する場になり，課題がある内容は，さらに真剣な意見が出され，2学期に向けて子どもたちから新たな目標が出てくる。

③定期的に「スマイルタイム」を行うなかで，自尊感情を高め，他者を尊重する気持ちを育む活動を取り入れるとより効果的。

小学校向き

学級担任力・小学校
新聞復元隊！
——楽しみながらルールを守る

髙木直哉

◆ ねらい

　学期はじめのルールがまだ定着していない時期や，ルールの乱れが見えてきた時期，あるいは運動会や学習発表会などの行事で協力をさせたい時期におすすめの実践です。「ルールを守ることは，みんなが安心して活動ができること」，そして，「協力してくれた友達に対して，ありがとうと素直に言えること」の2つのねらいをもって，新聞復元（新聞紙パズル）ゲームに取り組みます。活動は3～4人のグループで行います。ルールは，ゲーム中に使ってもよい言葉は「ありがとう」の1つだけとします。

　注意しながらルールの定着をさせるのではなく，子どもたちのルールを守ろうとしている行動に対してプラスの評価を入れながら活動します。また，学期初めや学校行事の時期であれば，子ども同士のリレーションも促すことができます。ルールの乱れが見えてきたときに実施すると，楽しみながらルールの大切さを見直すよい機会となるでしょう。

◆ 参考文献
國分康孝監修，清水井一編『社会性を育てるスキル教育35時間——小学6年生』2007年，図書文化社

◆ ここをしっかり！

教師がねらいをもつ

　どんな活動も，教師が明確なねらいをもちながら進めなければ価値はありません。「楽しそうだからやる」だけでは効果は期待できません。子どもたちの現状をしっかりと見取り，なぜいまこの活動をするのかといった教師の熱い思い（ねらい）が必要です。それを子どもたちに伝えることで，子どもたちはこの時間に何をするかがわかってきます。

ルール説明をして全体で統一

　「ありがとう」の1つの言葉しか使いません。それ以外の言葉を使わないように子どもたちにしっかりとルール説明をすることで，ルールの共有化を図ります。

振り返りの時間を確保

　「楽しかった！」で終わらないように，ねらいを基に活動の振り返りをします。子どもの言葉で振り返ることが大切です。振り返りカードを書かせて，それを読むことも効果的です。

第Ⅰ部　学級づくり

ここがちがう!!

感情が伴うことで行動は変わりやすくなります。そこで,「『ありがとう』以外の言葉は使わない。」というルールを設定しなかった場合（1回目）と,設定した場合（2回目）,さらに,誰もが楽しく行うための班のルールを自分たちで話し合って決めてから行った場合（3回目）の3つを体験することで,ルールの意義について,より深い気づきが得られるようアレンジしてみてはいかがでしょう。

◆進め方

※新聞紙を切り分けておく（事前に子どもたちが喜びそうなカラー広告を集めておく）。

1 今日のねらいを伝える

①子どもたちに「ルールはなぜ必要なのか」を問いかけ,子どもの言葉で語らせる。
　「どうしてルールは必要なのでしょう。」などと尋ね,子どもがルールに対してどう感じているかをとらえ,今日の活動はルールを守ることが大切であることを伝える。

②子どもの言葉を基に,「ルールを守る」「協力をする」「感謝の気持ちを伝える（ありがとう）」というねらいを板書する。

　▶ねらいを板書することで,今日の活動の趣旨が子どもにもよくわかる。

2 活動内容を説明する

・班を作る（3～4人程度の規模）。班長（代表者）を決めておく。
・ばらばらになっている新聞紙を子どもたちに見せ,元に戻してもらうことを伝える。
・ルールとして,使ってよい言葉は「ありがとう」のみ。ジェスチャーはOK。

　▶ルールを板書。教師が,よい手本・悪い手本（モデル）を見せ,イメージをもたせる。

3 新聞復元隊にチャレンジする（8ピース,16ピース,32ピースの3回）

パズルが完成したら,班長が手をあげて教師に知らせる。全部の班ができたら,「ルールを守ってできていたか。」「ありがとうは使えていたか。」を一度振り返る。

　▶教師は,児童や班に対して認める言葉かけをする。
　　例）○○さんは,「ありがとう」と言うときにしっかりと相手を見て言えていた。
　　例）○班は,みんなの頭の位置が近くて,協力している感じが伝わってきた。など

　▶これらのことを意識してできると,さらにねらいに近づけることを全体で確認する。

4 感想（感じたこと・気づいたこと）をねらいに基づいて振り返る

　▶子どもの言葉で振り返りをさせる。
　▶教師が言うより子ども同士のほうが伝わりやすい。

5 教師の語り

日ごろから,ルールを守ることや感謝を伝えることは大切であることを伝える。

　▶その場かぎりの活動にならないように,活動後の声かけを継続していく。

中学校向き

学級担任力・中学校
学級担任の5つの指導

岡　慎也

◆ねらい

　「指導する」という言葉は、学校現場において大変幅広く用いられています。しかし、そもそも我々学級担任には、何を指導することが求められているのでしょうか。

　学級担任が指導すべきことは、①理想の指導、②原理原則の指導、③例外の指導、④環境の指導、⑤放っておいてよくならないことの指導の、およそ5つに分類・整理されます。このように自らの指導を分類・整理し、あらかじめ構造化しておくことによって、その指導には「価値づけ」がなされ、指導内容を互いに「伝達・共有」し、指導そのものを「評価」することができます。この指導の分類・整理は、例えるなら"活動を眺める眼鏡"の役割を果たし、我々の指導がいきとどいているのかを見極めるために大変役立ちます。

◆参考文献
岡慎也・鹿嶋真弓「学級経営における自治的活動の導入と教師の役割：特別活動指導の体系化の試みを例として」『高知大学教育実践研究　第29号』2014年

◆ここをしっかり！

> 学級担任の姿勢として、次の2点が大きな指導力を生む

①「緊急性」と「重要性」を基準とするとき、「重要性大」の指導を優先すること。

　筆者の経験上、学級の質を向上させる基準は案外素朴で地味なものだと気がつきました。そのひとつが「重要性」を優先することでした。「緊急性小」だが「重要性大」に分類される指導事例には、36ページのようなものがあげられます。

②自己とは他者へ影響を与える存在であるという子どもたちの気づきを高めること。

　筆者は「人によい影響を与えることによって、自分がよくなる」ことを学級指導の根幹に据えています。36ページの図1は、その最も単純なものをイメージ図で表現したものです。図2は、図1のイメージ図が連鎖したものであり、他者に与えた影響が自己に返ってくる様子を表現しています。生活のなかで、他者に与えたよい影響が、巡り巡ってよい結果として自己に返ってくる様子を図2によって解釈することができます。読み解いた事実を帰りの会や生活ノートでフィードバックすることにより、子どもたちの人間関係をよりよく保とうとする動機づけや感謝の心は、しだいに高まっていきます。

> **ここがちがう!!**
>
> 「教師の指導力」のとらえ方はさまざまありますが，ここでは，同時に対応を迫られたときの優先順位の決め方がわかりやすく述べられています。また，「指導」とひと言でいっても，何をどこまで行うかについては，教師一人一人に任されていることが多いため，学校として，指導の一貫性が欠けることがあります。ここで示された「学級担任の5つの指導」について学校として確認することで，よりていねいに対応することができるでしょう。

◆ 学級担任の5つの指導について

1 理想の指導

　理想の指導とは……活動における理想的な姿を明示することです。

　理想の指導は，学級に"生命"を吹き込む機能があります。教師が理想を語ることが，子どもが高い理想を掲げる大きな動機づけとなると考えています。

2 原理原則の指導

　原理原則の指導とは……1年間通用する学級のルールや基準を明示することです。

　原理原則の指導には，活動に安定感を与えるとともに，指導の段階設定の機能があります。また，この指導により，細かく雑多な指導を省略することができます。

3 例外の指導

　例外の指導とは……活動における原理原則に対する例外を明示することです。

　原理原則の指導とあわせて不可欠な指導が例外の指導です。これには失敗や混乱の未然防止（恥をかかせない，混乱を招かない）の機能があります。

4 環境の指導

　環境の指導とは……環境を美しく整えることです。

　環境の指導には，子どもを指導しやすい状態にする機能があります。筆者は見るもの聞くもの触れるもの使うものすべてが環境であるととらえています。

5 放っておいてよくならないことの指導

　放っておいてよくならないことの指導とは……文字どおり，教師の指導なくして高まっていかないことに対する指導です。

　子どもの自主性や道徳性に委ねるだけでは限界がある事柄は多いものです。そのような事柄は教師が指導しなければなりません。

①優先すべき指導:「緊急性小」だが「重要性大」

（例）朝の会における説話（理想の指導として）
（例）黒板メッセージ（行為の承認として）
（例）1分間スピーチの原稿指導
　　　（発表の準備として）
（例）班日誌指導
　　　（かかわり合い活動・点検活動として）
（例）服たたみ・ロッカー整頓指導
　　　（環境の指導として）

  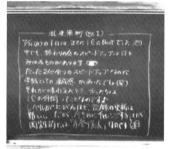

②自己とは他者へ影響を与える存在であるという子どもたちの気づきを高めること。

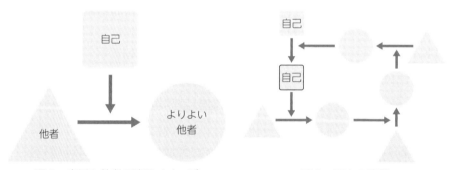

図1 自己と他者の連関イメージ　　　**図2** 図1の連鎖

（例）生活ノートと"黒板メッセージ"。
　　　あらゆる機会を捉え，自己と他者の連関イメージを用いる。

①理想の指導	（例）「平和の本質は何も起こらないことである。」 （例）「命の本質は時間である。」 （例）「理想の授業は自習である。」 （例）「スピードは上達である。」 （例）「今日最も重要な瞬間はいつか。」 （例）「朝自習で自律のトレーニング！」 （例）「文化祭の文化とは一体何を指すか。」 （例）「プロは風邪を引いても休まない。仕事にはそこまで責任をもて。」
②原理原則の指導	（例）「すきま時間は読書をして待て。」 （例）挙手・発言の仕方 （例）そうじの仕方 （例）テストの受け方 （例）給食のおかわりの方法 （例）子ども代表あいさつ虎の巻 （例）役立ち（迷惑）レベル 　　　①自分のみ　②自分と相手　③自分と班　④自分と学級 （例）シェアリングレベル 　　　①読み上げ　②回し読み　③書いて発表　④書かずに発表 （例）ハイパフォーマーA×Bの法則 　　　【A】を【B】の気持ちで取り組もう。
③例外の指導	（例）日程や時程の変更 （例）チャイムのOFFの場面 （例）教師がいない場合の対応
④環境の指導	（例）朝の会等における説話 （例）黒板メッセージ （例）机と椅子の整理整頓の指導 （例）靴そろえ・服たたみ・ロッカー整頓の指導 （例）放課後の教室掃除
⑤放っておいてよくならないことの指導	（例）あいさつ・返事・靴そろえの指導 （例）2分前着席週間 （例）忘れもの0運動 （例）演説や子ども代表あいさつのリハーサル指導

中学校向き

言いそびれた言葉たち
最後の手紙に思いをのせて

吉本 恭子

◆ねらい

　3月は別れの時期です。1年間の生活を振り返るチャンスでもあるこの時期に，「あの言葉を伝えておけばよかった」「やっておけばよかった」「自分の成長したところを○○に伝えたい」などの思いを，伝えたい人（自分自身・家族・友人・先生・あこがれの人）やもの（愛着のある教室・バスケットコート・ボールなど）に宛てて手紙にしたためます。そして，その手紙を書いたクラスメイトの気持ちになって互いに読み上げます。未完の行為を完成し，「終わりよければすべてよし」という気持ちでこの1年間の自分をポジティブにとらえ，次の一歩を踏み出す勇気づけとなることを願って，年度末に行います。

◆ここをしっかり！

決め手は教師の自己開示

　最初に教師が自分の思いをどれだけ子どもたちに語ることができるかが大きな鍵になります。教師の具体的なエピソードを交えた体験談を聞くことで，子どもたちはこれから何をすればいいのかがわかります。

BGMで雰囲気づくり

　手紙を書いている時間や一重円になって手紙を読む場面で欠かせないのがBGMです。オルゴール曲などしっとりしたイメージの曲がお勧めです。

その気にさせる準備物

　手紙に書いて伝えたいと思っている「言いそびれた気持ち」をさらに後押しするためには，その気持ちを伝えるにふさわしい準備物が必要です。まず手紙を書くためのワークシートは，白だけではなく，薄い色のついた紙や模様の入った紙，カットを入れたものなど何種類か用意しておいて，自分が書きたいと思っているものにふさわしいものを選べるようにしておくとよいと思います。手紙を包む紙もきれいな包装紙などを適当な大きさに切って用意しておきます。そして，何より肝心なのは，手紙を入れる箱です。大事なメッセージを入れる箱なので，お菓子などの空き箱にきれいな包装紙を貼って，宝箱のような雰囲気を醸し出します。

第Ⅰ部　学級づくり

ここがちがう!!

「言いそびれた言葉たち」は，本来，限定された相手にメッセージを伝える活動です。しかし，ここで紹介された方法では，「言いそびれた言葉たち」を自分に代わって誰かが読んでくれることで，面と向かって伝えることの照れくささが和らぎ，さらにその内容を学級全体でシェアすることができます。クラスメイトの「言いそびれた言葉たち」を聞きながら，自分にもまだまだ言いそびれた言葉があったことに気づくチャンスになります。

◆ 進め方

❶ 今日の活動のねらいを伝える

①「1年間の自分自身の出来事について振り返り，伝えたかったのに伝えられなかった思いを言葉にして手紙に書くこと。タイミングを逃して言いそびれてしまった言葉を伝えるラストチャンスであること」を伝える。

②担任が具体的なエピソードを交えた自分の思いを語る。

▶ここでの教師の話が，子どもたちの活動のモデルとなる。

例）みんなが帰ったあとに教室に1人残って机の整頓をしてくれていたAさんへの感謝

例）ついカッとなって大きな声で叱ってしまったBさんへの後悔の念など

❷ 手紙を書く

このクラスで過ごした1年間のいろいろな出来事を思い出しながら，いましか伝えられない（いまだから伝えられる）思いを手紙に書く（BGMを流す）。

▶思いを伝えたい人（人以外でもOK）に書く。自分自身でも構わない。

・してもらったこと・お世話になったこと→「ありがとう」の気持ち

・迷惑をかけたこと→「ごめんなさい」の気持ち

・言いそびれたこと

❸ 手紙を箱に入れる

包装紙で大切に手紙を包み，箱に入れる。箱にもきれいな紙などを貼って「大切な物を入れる」イメージを出す。

❹ クラス全員で一重円を作って座る

❺ 箱の中から1人1通ずつ手紙を取って読み上げる

箱の中から手紙を1通取り，それを読み上げる（BGMを流す）。手紙を包む包装紙を何種類か用意しておけば，自分が書いた手紙を引かないように選ぶことができる。

▶自分が書いたように気持ちを込めて読むことがポイント

❻ 「感じたこと，気づいたこと」を振り返り用紙に記入する

自分が「言いそびれた言葉」を伝えたことで，どう感じたのか，ほかの友達が書いていた「言いそびれた言葉」を聞いてどう思ったのかについて書いてほしいことを伝える。

中学校向き

言いそびれた言葉たち
卒業の前に感謝の気持ちを伝えよう
——仲間へ，家族へ，教師へ

安達諭香

◆ねらい

　卒業まであと1か月となったころに，「感謝の気持ちをもって卒業してほしい。積み上げた卒業式にしてほしい」という願いで行います。1回目が仲間への感謝，2回目が家族への感謝，3回目が教師へ，です。この3回の積み上げで，卒業式の日に感動と達成感を味わい，仲間との別れ，新しい世界への不安や戸惑いを抱いている子どもが，新たな一歩を力強く踏み出せるような取組みにします。

◆ 参考文献
鹿嶋真弓・吉本恭子編著『中学校　学級経営ハンドブック』2015年，図書文化社

◆ここをしっかり！

しっとりした雰囲気で

　初めてとなる1回目では，担任がモデルとして，学年主任の先生や副担任の先生に向けて事前に書いておいた手紙を子どもたちの前で渡します。子どもたちの活動のモデルとなるように，しっとりとした雰囲気で渡します。

　オルゴール曲などをBGMに使用すると雰囲気が高まります。カードを書いている間には，クラスの思い出の曲（合唱コンクールで歌った曲など）を流すとよいでしょう。

それぞれの時間にあった演出を

　クラスの1年間をまとめたビデオを見たり，掲示物や学級通信を読み返して，さまざまな場面を思い出します。楽しかったことだけではなく，苦しいことや辛いことがあったからこそ学級が一つになれ，仲間がいたから成長できたことを感じとれるようにします。

　「家族」に手紙を書く場面では，恥ずかしさが先行してしまうことが多いため，本の抜粋や詩などを取り入れ，家族に守られ，愛されて成長してきたことが感じ取れるようにします。素直に「ありがとう」が言える雰囲気を作ります。詩は，字幕スーパーなど映像にしてBGMを流すとよいでしょう。

　「教師」の時間では，事前に「私にとって1組は……」という書き出しで子どもたち全員に書く時間をとっておき，それを読み上げ，最後に教師にとって1組は最高だったことを告げて呼名に入ると気持ちが高まります。

第Ⅰ部　学級づくり

ここがちがう!!

3月。この1年，仲間とともに過ごした日々を振り返りながら，「このクラスでよかった」と思える人は，次の新しい環境でもきっと「このクラスでよかった」と思えるクラスに所属できることでしょう。「世の中には幸も不幸もない。ただ，考え方でどうにでもなるのだ。」というシェークスピアの言葉にもあるように，すべては自分の心が決めるからこそ，卒業前にぜひ体験させてあげたい活動です。

◆ 進め方

「タイミング」（P130「授業実践『最後の道徳の授業①』」『道徳教育2004年3月号』明治図書）の詩を読んで，ありがとうの言葉や，いまだから素直に言えるごめんなさいの言葉を考える。その言葉を，仲間へはカードに，家族へは手紙に書く。教師へは，「卒業式の呼名の返事が一番の贈り物になるので，思いを込めて返事をしてほしい」と伝える。

❶ 1回目 仲間への感謝

・1年間を振り返ることができるように，クラスのビデオや体育祭や合唱コンクールに向けてクラス全員で作った掲示物などを準備する。
  ▶思い出の物や思い出の曲を準備する。
・事前に教師も学年主任の先生や副担任の先生に手紙を書いておき，子どもの前で手渡すと子どもたちがイメージをもてる。
・カードを書いている時間はクラスの思い出の曲を流す。

❷ 2回目 家族への感謝

・家族に支えられ，愛されて成長してきたことにふれられるような本の抜粋や詩を準備し，家族に「ありがとう」と言うことは恥ずかしくないという雰囲気をつくる。それから教師が自分の中学校時代の話（家族とのエピソードを中心に）をし，書いた手紙を読む。
  ▶実際に教師が自分の母親に宛てて書いた手紙などがよい。

❸ 3回目 教師へ（卒業式の前日に行う。）

・全員が事前に書いた「私にとって1組は……」を読み上げ，その一枚一枚にコメントをする。ラストに，教師にとってこのクラスは最高だったことを伝える。
・1回目，2回目には，タイミングの詩の最後の1行を隠しておき，3回目に続きがあることを明かす。
  ▶卒業式で担任がどのような思いを込めて一人一人の名前を呼ぶのか，中学校の卒業式での「『はい』のタイミング」は1回しかないことを伝える。
・カードは書かずに，「明日は体育館での呼名があります。たくさんの人に感謝をもって……今日は1年間過ごした教室で最後の呼名をします」と呼名をし，翌日の卒業式への気持ちを高める。

小・中学校向き

指さすだけで，自己開示！
——「明るい窓」を広げるゲーム

ジョハリの窓

鹿嶋博章

	自分は知っている	自分は気づいていない
他人は知っている	「明るい窓」 自分も他人も知っている自分	「気づかない窓」 自分は気づいていないが，他人は知っている自分
他人は気づいていない	「隠された窓」 自分は知っているが，他人は気づいていない自分	「未知の窓」 自分も他人も知らない自分

◆ねらい

　グループ活動などの際に，話すことが苦手で，どのように自己開示していいかわからないと悩む子どもがいます。また，振り返り用紙をもとに班で話し合うときなどに，友達に対してどのようにフィードバックすればよいかわからずに黙ってしまう子どももいます。そんな子どもたちが，指をさすだけで自己開示やフィードバックをすることができるエクササイズを紹介します。

　また，「だいたいこの人ってこういう人かな」とわかってくると，友達が作り上げた自分像に合わせようと無理をする子どもがいます。ありのままの自分を受け入れてもらう場を作るのに非常に適したエクササイズです。

◆ここをしっかり！

自己開示とフィードバックの大切さを説明する

　「自分が知っていて，他人も知っている自分，『明るい窓』が広がると，居心地がよくなります。『隠された窓』が広いと『お前に俺の気持ちがわかるかよ！』の世界になります。このメンバーに話せる範囲でかまいません。自分のことを語り（自己開示），周りの人は，その人のことについてどう見えているか，フィードバックしましょう。」「自分は気がついていないけど，他人は知っている自分」（気づかない窓）を受け入れるために，知らなかった自分を嫌がらずに教えてもらう（フィードバック）。このことをきちんと説明しておきます。

質問内容は価値観にふれられるものにする

　質問を考えるときは，「無人島で1週間生活するとしたら，何を持っていく？」というような，価値観にふれられるものがよいです。なぜその回答を選んだか，周りが質問したくなるような，また本人も説明したくなるような内容にしておくと，活動が終わった後も，互いに積極的にコミュニケーションを取りやすくなります。このほかにも，「小さかったころ，どんな子だった？」というような過去にふれられるもの，「仕事をするとしたら？」というような未来を問うものなどもおすすめです。

第Ⅰ部　学級づくり

ここがちがう!!

「ジョハリの窓」の「明るい窓」を広げるには，自分の知っている自分について自己開示することと，他者からフィードバックをしてもらうことが必要です。ところが，いずれも話すことが前提のため，話すことが苦手な子どもや周りからどう思われるか不安な子どもにとってはハードルが高い活動です。この方法の場合，自分で思ったところに指を置くだけで，自己開示もフィードバックもできるので，誰もが参加しやすくなっています。

◆ 進め方

事前に用意するもの：ジョハリの窓シート（グループの数の分），質問用紙（グループの数×6種類程度）（ラミネート加工しておくと繰り返し使える）

1 目的を伝える

「友達が自分をどのように思っているのかを知り，自分のことを相手に伝えることでジョハリの窓の『明るい窓』が広がる」ことを伝える。

▶居心地のよい学級をつくっていくチャンスにつながることを伝える。

2 班になり，回答する順番を決める

3 1つのお題に対して1分程度考える

▶考える時間を確保する。

相談はせずに個人で考える。お題の内容としては，「無人島で1週間生活するとしたら，何を持っていく？」など，価値観にふれられるものがよい。

無人島で1週間生活するとしたら，何を持っていく？
雨風しのげるテント／日持ちする食料／釣りや狩りの道具／大切な人の写真／どこでも火がつくマッチ／救急セット

4 やり方の説明をする

①答える人の左側の人が「○○さんが無人島で1週間生活するとしたら，何を持っていく？　せーの！」と言ったら，答える人以外の班員が一斉に「ドーン!!」と言って，答えの項目の上に指を置く。

▶指はシートの上に置いたままにしておく。

②答える人の左側の人が「ほんとうの○○さんが無人島で1週間生活するとしたら，何を持っていく？　せーの」の声かけで，答える人が「ドーン」と言って指を置く。声をかけるときは全員で発声する。

5 1つの質問に対して班の全員が回答したら，次の質問に移る

6 6種類の質問用紙が終わったら，振り返り用紙を記入する

7 シェアリングをする

中学校向き

私のエンジェルは誰でしょう？
――内緒で支える１週間

山下由紀子

◆ねらい

「誰かに支えられたこと」や「誰かを支えたこと」は人生のなかで一度はあると思います。しかし，改めて具体的な時期や場面を聞かれたら，なかなか思い出せません。さらに，「自分の知らないところで誰かが支えてくれている」ことには，もっと気づきにくいものです。

そこで，１週間，クラスメイトの「エンジェル（天使）」になることで，「お互いに支え合うこと」が，自分や相手にどのような気持ちの変化をもたらすのかを感じてみます。準備は簡単！「事前アンケート」と「名前を書いたくじ」「振り返りシート」を用意するだけです。ここでは中学３年生の後半に行い，卒業前に仲間と絆を深め，卒業後もそれぞれの日常生活のなかで，自然に支え合える人間関係の構築を目標に行いました。

◆ここをしっかり！

仕かけ：事前調査を本時の導入へ

本時に入る前に，いままでに「誰かを支えた（誰かに支えられた）ことがありますか」というアンケートを取ります。「いつ」「誰に」「どんなことで支えた（支えられたか）」も記入してもらいます。私のクラスでは，「支えられた」という経験が少ないことがわかりました。導入では，いまなぜこの活動をしようと思ったのか，また，この活動を通して，どのような体験をしてほしいと考えたのか，について教師の思いを具体的に語ることが大切です。

教師も一緒に！

くじの中には担任の名前も入れ，子どもとともに１週間活動します。すると，子どもの動きもよく見え，教師自身も楽しみながら人を支える（支えられる）感覚が体験できます。

１週間，何もしないで終わる子どもがいないように

毎日の帰りの会で，その日，自分がエンジェルとしてどんな活動をしたかを，何人かに発表してもらいます。もちろん，だれのエンジェルかは内緒にしたままです。「もしかして，私のエンジェル？」と盛り上がります。また，「エンジェルとしてその人を支えたいけれど，何をしたらいいかわからない」という子どもにとって，活動のヒントになります。

ここがちがう!!

ここで紹介された活動は，最後に「マイ・エンジェル」を発表しますが，あえて発表しないのも，また味があっていいものです。自分のエンジェルが誰か知らされないが故，クラスじゅうにあたたかい空気が流れ，みんながエンジェルに思えるような不思議な体験ができます。また，何をしたらいいのかわからず思うように動けなかった子どもにとっては，名前を発表されないことで，抵抗が軽減されると考えられます。

◆ 進め方

1 事前アンケートを取る（活動の数日前）

2 アンケートの結果と本時のねらいを伝える

「毎日の生活が当たり前すぎて，改めて考えると，支えたり支えられたりしているということを忘れがち。」「卒業前になり，中学校で過ごす時間も残り少なくなってきたので，もっと仲間を意識して過ごしてみよう。」「高校入試も控えているので，お互いに支え合う時間を作ろう。」ということを伝え，本時の活動に繋げていく。

3 活動の内容を伝える

くじを1枚引き，書かれている人の「エンジェル」として，気づかれないように1週間その人を支える。

▶直接支えてもよいし，気づかれないように支えてもよい（言葉でも，行動でもよい）。

▶普段はあまり話をしない人でも，1週間はエンジェルになりきって支える。

4 1人ずつくじを引く

▶引いたくじは，ポケット等の人に見られない場所に1週間保管する。

5 1週間，その人のエンジェルとなり，気づかれないように支えていく

6 1週間後，「マイ・エンジェル」を発表する

それぞれが，1週間で支えた（支えられた）エピソードを振り返る。

▶発表前に，「誰が自分のエンジェルだと思うか」を想像させてもおもしろい。

7 振り返りシート（P131）**に記入する**

◆ 活動後の感想（振り返りシートより抜粋）

・人は誰かに支えられて，逆に誰かを支える存在だと思った。高校に入っても続けたい。

・人にされて嬉しいことを人にするということは，大事だと思いました。人は，支え合う才能を誰もがもって生まれたんだと思います。これをきっかけに人を支えられるようになったらな，と思います。

・振り返ってみるといろいろな人が親切にしてくれていたことに気づいた。親切にしてくれると自分も優しくなってくる。また機会があればしたいです。

小・中学校向き

シェアリング
振り返り用紙を使って お互いの気づきを共有する

吉本恭子

◆ねらい

　活動は見えるものの共有ですが，シェアリングは，見えないものの共有です。体験を通じて「感じたこと」や「気づいたこと」をお互いに分かち合います。同じ体験をしても，人それぞれ受けとめ方が違うことに気づくことができます。活動の様子はお互いに見合うことができますが，その活動を通して感じたことを見ることはできません。シェアリングをすることで，目では見えないお互いの気づきが共有でき，自分の感情・行動・思考の修正・拡大につながります。

◆ここをしっかり！

すごい！　と思えた瞬間，気づきの数だけ成長へ

　シェアリングをすることでクラスの中にいる「感情」「行動」「思考」のモデルに出会い，自分との違いを発見して，友達のことを「すごい」と感じる経験をすることがあります。そのときに教師から「（友達のことを）すごい！　と思えたあなたもすごいんだよ。その瞬間に成長できたんだよ」とフィードバックします。

学級の状態に合わせてシェアリングを

　学級の状態やあるいはそのときの時間の状況によって，いくつかのシェアリングのやり方を知っていて，選んで使えるようになるといいでしょう。学級の中に安心して話ができる関係がまだできていない場合や，いじめがあるかもしれないなどというときには，振り返り用紙（資料）に書かせるなどのやり方もあります。

教師からの全員へのフィードバックでさらに気づきを深める

　振り返りの内容については全員に対して教師からのフィードバック（名前はふせて）を行います。数名の条件つきの（教師のめがねにかなったことを書いている）子どもに対してだけではなく，全員に行うことがポイントです。教師からのフィードバックをもらい「私のことを先生はそう思ってくれている」と知ることで，より深い関係性が構築されます。

評価やまとめはしない——それぞれの感じ方を大切に

　シェアリングの内容について教師からの評価や教訓は行わず，受容することが大切です。活動を通して気づいたことをお互いに共有することで，自己の内面への洞察が深まります。

第Ⅰ部　学級づくり

> **ここがちがう!!**
> 構成的グループエンカウンターでは，エクササイズの後のシェアリングが大切です。とは言うものの，どのように行えば，子どもたちが自然なシェアリングができるか，実際のところその方法がわからず困っているのではないでしょうか？　私が長年行ってきた方法の❶では，まさに「教師と生徒がつながる」「教師が生徒と生徒をつなげる」体験もできました。

◆ 進め方

❶ 振り返り用紙（P132）を教師が読み上げる方法

全員の分の振り返り用紙を読み上げながら，すべてにさりげなくプラスのコメントを添える。

▶数名だけ読むと，その読まれた内容がモデルとなり，本音を書きにくくするので，全員分を読み上げてプラスのコメントを添える。

・マイナスのことを書いている場合：この子のできていること，つまりマイナスのことでもいいので，書けたことを承認し，「いまのこの気持ちを書けてよかったね」という気持ちも含めてプラスに転じて返す。そのことで子どもは「このクラスの仲間になら本音を語ってもいいかな」という気持ちをもつことができるようになる。

・「特にありません」と書かれている場合：「今日は何を書いたらいいか，何を書こうか迷ったのかな？　次は書ける範囲で構わないので，少しでも書いてくれるとうれしいな。」という次への期待を含めてコメントする。

・「白紙」の場合：「時間がなかったのかな？」「書こうとしたけどうまく表現できる言葉が見つからなかったのかな。でも何か自分の中に感じたことを大切にしてね！」など書こうとした気持ちを認める。

❷ 班で回して読む方法

振り返り用紙を時計回りに隣の人に渡して，回しながら読む。

❸ 自分で読み上げる方法

班で順番を決めて，振り返り用紙を自分で読み上げる。

❹ 紙面で交流する方法

全員の振り返り用紙を集め，自由記述の内容をまとめてプリントにする。

▶プリントを配るときには，その場で全員で読む時間を取る。

＊❷～❹は，いずれも班で感じたこと，気づいたことを話し合う。その後「班で話し合ったことを班の中だけの宝物にしていてはもったいないので，ぜひみんなと共有してもらえると嬉しいです。どなたか伝えてくれる人はいませんか？」と，学級全体での共有に広げる。ただし，強引に発言を求めることはひかえる。

中学校向き

シェアリング
少数意見，全員の意見を大切に
——ミニホワイトボードの活用

竹田尚史

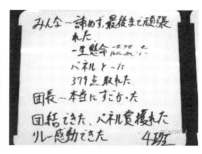

◆ねらい

　体育祭や文化祭等の行事の取組みで，練習の振り返りにミニホワイトボード（縦横が約50センチ程度のもの）を活用しています。練習中によかったところを班で出し合い，ホワイトボードに書いて黒板に貼ることにより，それを学級全体で共有することができます。教師１人では見えなかったことが出てくることもありますし，それを終学活の中で取り上げることもできます。自分を含め，周りの仲間のよかったところを見つけるので，自己肯定感が高まります。

　ミニホワイトボードは，学期末の振り返りにも使うこともできます。一部の発表者の意見でまとまっていくのではなく，全員の意見が反映された振り返りになります。

　そして，授業中に，班の話し合いで用いるのも有効です。話し合った内容を文字として残せますし，それを黒板に貼ることで，全員の考えをシェアリングできます。

◆ここをしっかり！

いつでも使えるように

　縦横が約50センチ程度のホワイトボードがお手頃サイズです。班で１枚使用できる枚数があるとよいでしょう。

　本校では，学級のほかに，特別教室などにも用意してあります。

時間をしっかり確保すること

　話し合いの時間が短ければ，一部の人の意見で進んでいってしまうので，お互いに意見を出し合える時間をしっかり確保してあげること。また，話し合いの司会ができる生徒を各班に育てておくことが必要です。司会者が班の全員に意見を求め，すかさず記録者が記録していくというパターンをつくることが大切です。

伝え合える関係を普段からつくっておくこと

　活発な意見が出る話し合いをするためには，クラスの仲間どうしの人間関係が大切です。どんな意見でも大切にするというスタンスで，普段から担任や教科の先生が少数意見を大切にすることで，どんな意見を出しても大丈夫という安心できる環境をつくっておきます。

ここがちがう!!

人と違う意見や一見マイナスに思える意見が，人々の感情にゆさぶりをかけ，より深く考えるきっかけとなることも少なくありません。そう考えると，本文中にもありますが，「どんな意見を出しても大丈夫という環境づくり」が重要になってきます。ホワイトボードを活用してもホンネが言える関係にするために，紙上討論などを用いて，教師が子どもの中の声なき声を声にしながら，子ども同士をつなぐ活動をていねいに行うといいでしょう。

◆ 進め方

1 何について話し合いをするのかを全体で確認する

まず，教師から話し合う内容について説明をする。時間を設定し，質問がないかを聞く。時間については，タイマーなどを使用し見てわかる形にするとよい。学級活動であれば，班長が司会で，副班長が記録などの役割を与える。授業の中での班会であれば，例えば4人の学習グループの場合，司会・記録・発表・サポートと役割分担をする。

▶ 話し合いごとに役割を変えていくと4回でどの役割も担当することができる。

2 顔をつきあわせながら，話し合う

▶ 意見を出し合う時間とまとめる時間の配分は司会者に任せる。

慣れるまでは，教師が「そろそろまとめに入ってください」などと合図をするとよい。また，全員の意見を引き出すのも司会者の役目である。班のメンバー全員で班の意見をつくり，発表者が全体の場で発表しやすいようホワイトボードに記入する。

3 全体で確認する。または，発表をする

黒板に，ホワイトボードを並べて貼れば，各班で話し合った内容を全員でシェアすることができる。発表をした後は，質問がないかを聞き，全体が一つの班の意見に対して意見を出し合う場面をもうける。

▶ 授業の中の班会の発表では，黒板に裏向きにホワイトボードを貼り，順不同で表にしていくと，発表順がわからず集中力を持続させることができる。

おまけ

「毎日のおはよう黒板」として利用する。

朝，教室に入ったときに，子どもたちを朝のメッセージが迎えてくれる。担任が朝かけたい言葉を，全員がシェアできる。

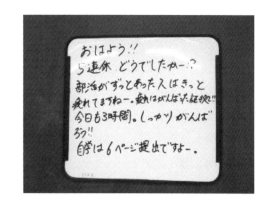

中学校向き

折り鶴に込めたメッセージ
——合唱コンクールで心をひとつに

吉本恭子

◆ねらい

　ずばり「心をひとつに」です。どこの中学校でも行われている合唱コンクールは，クラスみんなで感動し，満足感を味わうことのできる行事です。何といっても学級がひとつになる瞬間をつくりあげることができるのが，合唱コンクールの醍醐味でしょう。その成功のカギを握るのが折り鶴です。メッセージが書かれた折り鶴を制服のポケットにそっと忍ばせます。誰が何をどんな気持ちで書いてくれたのかを想像しながらステージに立って歌うことで，お互いに繋がっているんだということを感じさせてくれます。小さな折り鶴が，全員のポケットの中でみんなにエールを送ってくれることで，クラスの連帯感が高まり，心がひとつになる瞬間を味わってください。

◆ここをしっかり！

折り鶴であることの意味

　手紙やカードではなく，「折り鶴」であることの意味。それは，歌い終わった後，教室に帰って，ポケットから取り出した折り鶴を開く瞬間にあります。破かないように「何が書かれているんだろう」と，そっとほぐすときのあのワクワク感。そして折り鶴であれば，ポケットにそっと忍ばせるのにぴったりのサイズです。だからこそ折り鶴なのです。

フィードバックの積み重ね

　折り鶴にメッセージを書くのは本番直前ですが，そのときにいきなり書くのでは思いが伝わりません。それまでのパート練習やリハーサルの場面でも，お互いに良かったことのフィードバックや励ましのメッセージを付箋などに書いて，教室の後ろの掲示板に貼っておきます。それをいつも目にすることで，何を書いていいかわからない子どもも，メッセージのイメージをつかむことができます。

最も大切なのはタイミング〜最後にもうひと押ししたいときこそチャンス〜

　最も大切なのは，「いつこれをやるか」のタイミングでしょう。練習も佳境に入り，いよいよ明日本番というときなど，気持ちがいちばん盛り上がっているときに書かせます。料理で例えると，ほとんど仕上がった状態のものに，最後に隠し味の調味料をひとさじ加えて，味にコクや深みを増す。そんなタイミングが大事です。

ここがちがう!!

「言葉」で伝えるとその「言葉」だけしか伝わりません。折り鶴の内側に書かれたメッセージは，何が書かれているかわからないだけに「何が書かれているんだろう？」「どんなメッセージかなぁ〜。」などと想像ができます。このような状況で想像すると，不思議なことに自分にいちばんしっくりくる言葉が浮かんできて，受け止めやすくなります。あえて内側に書いて読めない状況を作るのには，そういう仕掛けがあるのです。

◆進め方

1 何をするか説明する〜折り鶴に込められた意味〜

①いままでどんな思いで練習してきたかを振り返る。

　いままで取り組んできたことを振り返り，うまくいったことや気まずい思いをしたことなど，一コマ一コマを具体的なエピソードを交えながら話し合う。

②クラス全員の心を一つにするために，折り鶴に思いを込めてメッセージを書き，本番ではそれを制服のポケットに入れてステージに立つことを伝える。

2 メッセージを書く〜折り鶴に思いを込める〜

①折り紙を配る。

　折り紙は8〜10センチ角の大きさのものを何種類か用意する。

②メッセージを書く。

　これを開いたときにどんな気持ちで読んでくれるかを想像しながら書く。

　▶名前を書くかどうかは，学級の状態に応じて考える。

③メッセージが内側になるように折り鶴を折って，小さな箱に入れて回収する。

3 折り鶴を引く〜世界でたった一つの折り鶴との出会い〜

箱の中から一つだけ引く。

　▶自分の書いたものを選ぶことのないように，自分が作った折り鶴とは違う色や模様のものを選ばせる。

4 さあ，ステージへ！！

①教室を出るときに制服のポケットに入れる。

②ステージに立つ前に，もう一度ポケットにそっと手を当てて，折り鶴が入っていることを確認する。

5 教室に帰って折り鶴を開く〜お互いの気持ちを感じながら〜

①合唱コンクールの目的は賞を取ることではなく，もっと大切なことを感じてほしいという意味のことを話した後，みんなの歌に対してのメッセージを伝える。

②折り鶴を開き，メッセージを読み，その後，シェアリングをする。

③折り鶴は台紙に貼って掲示するか，もう一度折って糸でつないで教室に飾る。

中学校向き

仲間のよさを言葉にして贈る
――運動会後の取組み

横田千穂

◆ ねらい

　行事への取組みは，個人としても集団としても大きな成長を感じられるものです。運動会では，意欲的に力を発揮できる子どもがいる一方で参加するだけでもしんどい子どももいます。取組みの過程で，運動（スポーツ）が得意かどうかにかかわらず，それぞれが役割をもち，一人一人の存在の意味を考えることで，それを成し遂げた充実感や達成感を味わうことができます。運動会後にこれまでの取組みを振り返り，クラスメート一人一人に，"あなたがいてくれたからこそ……だった"と，「ありがとう」の気持ちを込めて，メッセージを送ります。自分のよさ（存在）を認められたことで，仲間と共に取り組んできたことの意味を確認でき，集団としての高まりを次につなげることができます。

◆ 参考文献

川﨑知己「私たちの得た宝物」國分康孝監修『エンカウンターで学級が変わる　中学校編』1996年，図書文化，PP.144-145

◆ ここをしっかり！

［感動を記録に残す］

　運動会への取組みは係や種目を決めたり，応援の内容を考えたりするところから始まります。そのころから，意識して感動的な場面や心に残るひと言，ときには言い争いやトラブルが起こった場面，そして誰も見ていないところでがんばっている姿などを記録しておきます。写真や映像，メモなど，あとで子どもたちが映像を見たときに「そういえばこんなこともあったなあ」とか「あのときは悔しかった」「○○さんはこんなことをしてくれていたんだ」など運動会のさまざまな場面が想起できるような記録を残しておきます。

［行為の意味づけ］

　行事では，練習や事前の取組みそのものに意味があり，子どもたちは友達の必死にがんばる姿を見て「すごいな」と感じ成長していきます。そのとき，教師が「○○くんが大きな声を出して応援をリードしてくれたから，みんなの息がピッタリ合ったね。」などと，子どもの行為に対しての意味づけ（価値づけ）をすることで，自分の行動に自信がもてると同時に，どんな行動が価値のある行動なのかを学習することができます。

第Ⅰ部　学級づくり

ここがちがう!!

元京都市立堀川高校校長荒瀬克己先生は，著書『奇跡と呼ばれた学校』の中で，人の成長に必要なものとして，言葉，経験，注目，受容をあげています。仲間と一緒に行事を経験し，多くの人から注目され，クラスメートからたくさんのメッセージ（言葉）をもらいます。そこには受容や承認の言葉がたくさん書かれていることでしょう。子どもはそのメッセージを読みながら，自分の存在意義や存在価値を自然と感じることができるでしょう。

◆進め方

1 今日の活動のねらいを伝える

「運動会の取組みを振り返り，一人一人がいろんな場面でがんばってきたことに対して，あなたが気づいた仲間一人一人のよさを，ありがとうの思いを込めて言葉にして贈る」ことを伝える。

▶仲間一人一人のよさは，できれば「あなただけが知っているよさ」があるとよい。

2 輪になって座って，映像を見る（3～5分程度）

運動会の練習風景や本番の写真をプレゼンテーションソフトを使ってスライドにして上映する。

▶教師自身が感動したことを語る。

（ポイントとなる日や出来事を映してもいいし，教師の語りだけでもよい。）

3 仲間のよさを書く

①画用紙を配る。
②配られた画用紙の「　　さんへ」のところに自分の名前を書き，右隣の人に渡す。
③「　　さん」にあてて，「あなたがいてくれて……」に続く文を書く（時間は1分）。
④1分たったら右隣の人に回す。

4 みんなで書かれたものを読み合う

①一回りして自分のところに自分の分が回ってきたら，みんなで読み合う。
▶すぐに読まずに，全員の手元に画用紙が戻ってから，一緒に読み始める。
②読んで，どんな気持ちになったかを語り合う。
③最後に自分自身に対して一言メッセージを書く。

第Ⅱ部
授業づくり

子どもたちに学ぶ楽しさを伝えるには？
どうしたら子どもが授業でイキイキと輝くのか？
授業がうまくいくコツと考え方！

小学校向き

「みんな」ってすごい・応用編
仲間の形の特徴を調べよう

橋村宏美

◆ねらい

　小学校6年生1学期の算数「対称な形　形の特ちょうを調べよう」の実践です。線対称を理解するという教科としての指導目標はもちろん，授業の中での学級づくりも意識して指導します。

　授業スタンダードとして一人で考える個人思考の場を大切にしつつ，ペアや班などで友達とかかわり合う学習活動を仕組むことで，「みんなってすごい」「自分ってすごい」と感じ合える場面をつくります。子どもが意欲をもって主体的に活動できるような工夫をし，承認し合える関係を築くことで，自尊感情を高めることにつながります。

◆ここをしっかり！

主体的に学べる手立て

　授業の主役は「子ども」です。「やってみたい」と意欲が高まるように，実際に操作できる図形カードを準備したり，具体的な例をあげたりして，子どもが自ら調べたくなるよう工夫します。

学習形態の工夫

　まずは個人で考えさせ，その後に，それぞれの考えをペアや班でシェアします。自分と同じ考えのときは安心と自信につながり，違う意見を聞くと「○○さんってすごい」と友達同士の相互承認の場にもなります。

教師がつなげる

　学習集団があまり育っていないときは，児童の発言を教師がつなげる役目をします。「○○さんは，こう言っているけど，みんなどう思う？」「○○さんが，こんなこと発見したって」「○班は，○つも見つけてるよ。すごいね」など，一人一人を丸ごと受け止め，全体に投げかけます。個々のつぶやきにもいいものがあるので，かかわり言葉（発問に対してかかわりのある言葉）はすかさず取り上げ，肯定的に評価し（ほめて），全体に伝えるようにします。

　ただし，何でもかんでもというわけではなく，挙手や発表のルールなど，基本的な学習規律は守らせます。また，発問に関係のない言葉は無視します。

第Ⅱ部　授業づくり

> **ここがちがう!!**
>
> ここでの授業の展開は，①1人で考える〔思考力〕，②考えたことを伝え合う〔コミュニケーション力〕，③1つの意見にまとめる〔合意形成力〕，④考えたことを発表する〔プレゼンテーション力〕，⑤振り返る〔メタ認知力〕となっています。これを授業スタンダードとすることで，子どもたちの中にいつの間にか互いに認め合い高め合う関係が構築されるでしょう。

◆ 進め方

❶ 5つの文字（A，E，M，S，Z）を，①（A，E，M）と②（S，Z）に分け，何を基準に分けているのか考えさせる

・1人に1セットずつ教材（5つの文字をそれぞれ紙に書いたもの）を持たせる（実際に操作させることで主体的に学べる）。

・自分なりの考えをもたせる（個人でひらめかない場合は，隣同士で相談させる）。

❷ 「①の仲間の形の特徴を調べよう」と，本時のねらいを伝える

❸ ①の仲間の特徴を考える

①「2つに折ったら同じ形である」ことを確かめる方法を考える。

②（児童の反応）・半分に折る。　・真ん中に線を引く。　・同じ形を重ねる。

③実際に確かめさせる。

　▶机間巡視しながら，カギになるような子どものつぶやき（かかわり言葉）や行動を評価する。

　例）児童「重ねただけでは同じかどうかわからないけど，電気の光に透かしてみればわかるよ。」教師「すごい。大発見だね。電気に透かしたらよくわかるって。」

❹ 「線対称」の定義，用語「対称の軸」について，まとめをノートに書かせる

❺ 身の回りから線対称な形を探す

　▶飛行機や正倉院などの画像や，「谷口」「山中」など身近な先生方の名前などを例としてあげて，意欲づけをする。

・個人で考えた後，班でシェアし，その後ほかの班が見つけていないだろうと思うものを発表させる。例）めがね，フラスコ，漢字の三……

　▶「わかりました」「なるほど」「ああー」という感嘆の声や「ぼくもわかってたよ」という強がりの反応も拾うと，「みんなって『すごい』」「自分も『すごい』」と承認につながる。

❻ 振り返りカードに記入する

例）・いろいろな意見が聞けてよかった。

　　・班でよく話し合えたので，わかりやすかった。

小学校向き

「みんな」ってすごい・応用編
漢字を探そう

星　理奈

表

橋

裏

音読み　キョウ
訓読み　はし
部首　き・きへん
画数　十六画

◆ねらい

　4年生の国語の学習で，漢字はかんむり，あし，にょう，かまえ，たれなどの部首などから成り立っていることを学びます。そして「音訓引き」「部首引き」「総画引き」という，漢字辞典の基本的な使い方を学習し，その後，漢字辞典の早引き競争を行います。始めはクラス全員が読めるような簡単な漢字を教師が出題し，「できそう」という気持ちを高めます。

　そして，子どもが容易には読めないが部首はわかりやすい漢字を出題するなどして，レベルを上げていきます。自分で問題を作って出したり，友達と問題を解き合ったりすることで，ゲーム感覚で楽しみながら漢字辞典の使い方の定着を図ることができます。

　この授業を行った後に，朝学活や授業の導入で子どもに問題を出させたり，漢字の時間に復習したりして，日常的に漢字辞典の活用ができるようにします。

◆ここをしっかり！

全員が安心して活動できるために
　教師が，「後で皆にも問題を出してもらうから，よく見ていてください。」と声をかけ，例示を見せます。教師の具体的な例示を見ることで，全員が安心して活動に取り組むことができます。

子ども（友達）の名前を呼ぶ
　漢字を見つけた子が手をあげたら，見つけた順番で呼ぶのではなく，名前を呼びます。自分の名前を呼ばれることは，承認感が高まり，仲間づくりの一助になります。

個人のよさを認める言葉かけ
　辞書引き競争といっても，早さももちろんのこと，個人のよさもよく見とり，声をかけるようにします。「○○さん，さっきより早く見つけたね。」と個人内の成長を認めたり，「○○くん，友達が困っているのに気づいて教えていて素敵だね。」とその子自身の頑張りを認めたりする声かけをします。

> **ここがちがう!!**
>
> 一斉授業の中で，課題への取組方法がわからないまま授業規律を定着させることは至難の業です。ここでは，①課題への取組方法，②子ども同士の承認方法，③人のいいところを見つける言葉がけに対し，教師がモデルを示しています。まずは，誰もが取り組みやすい状況にしたうえで，具体的行動の仕方を見て真似することで，子どもたちは安心して活動に取り組めます。

◆進め方

1 漢字辞典の引き方を復習する

前時に学んだ，「音訓引き」「部首引き」「総画引き」の３つの引き方を復習する。

▶復習を行うことで，本時への意欲が高まる。

2 ゲームの進め方を知る

教師が出題者になり，ゲームの進め方にそって，簡単な問題を出す。

①出題者は，漢字一文字を見せる。
②ほかの人は，読み方や部首，画数の中で自分がわかることをもとに辞典で探し，漢字を見つけたら挙手をする。
③出題者は，挙手をした人の名前を呼ぶ。
④出題者は，ヒントとして１分後に部首，１分30秒後に画数，２分後に読み方を言う。

▶最初に読み方を言うと簡単に見つかってしまうので，ヒントの順番もポイント

⑤早く見つけた人は，漢字の成り立ちや熟語を読んだり，わからない友達を手伝ったりする。

3 漢字辞典を使って問題づくりをする

下の約束をもとに，問題づくりをする。

①かんむり，あし，にょう，かまえ，たれのどれかが部首になっている漢字を選ぶ。
▶４年生の児童にとって，部首がわかりやすいため
②友達がわかりやすいものにする。
③習っていない漢字でもよい。

4 学習班の中で問題を出し合う

ゲームの進め方に沿って，順番に問題を出し合う。

クラス全体でなく学習班でする場合，「2 ゲームの進め方」③の際に，名前を呼びながらハイタッチしたり，全員見つかった班は全員とハイタッチをしたりすると，連帯感が生まれる。

5 「わかったこと，気づいたこと」を発表する

中学校向き

「みんな」ってすごい・応用編
色紙を切って「木」を表現しよう

前田豊美

◆ ねらい

　美術の授業は，「嫌い」と言う子どもや「好きだけど不得意」という子どもが多いなか，その理由を聞くと，「表現することが苦手（上手に描きたいが描けない）」とか「創造することが苦手」という声が多いように感じます。そこで，この苦手意識を払拭するためにも，表現・発想の違いを大切にした「みんな違っているから面白い」をコンセプトに，仲間の力を借りることにします。この活動は，色紙を切って「木」を表現するものです。最初同様の木がたくさん出てきますが，視点を変えて見ることで，さまざまな木（丸太，上から見た木など）が現れ，仲間との交流や視点の異なり，得意不得意感を共有するなどを経験し，自他共に肯定感を高めていくことができます。

◆ 参考文献
三重大学教育学部附属中学校，近藤真澄教諭の実践

◆ ここをしっかり！

何色を選んでもいい

　細かい部分やうまく表現するために書き直し等をせずに，イメージを簡潔に表現できる材料として，紙を切ることが適当だと考えました。また，「木」のイメージから，色を限定しがちになるのでは？　と想定できますが，約束として，1枚の紙でひとつの形を創るとすれば，問題なく扱えます。また，いろいろな色の紙を選ぶことで，「木」の概念から離れやすくなります。

教師の説明は最小限に

　教師の説明が，木へのイメージや表現の発想を画一化することがあるので，ここでは説明しすぎないことが大切。「自分のイメージを自由に表現する（形にする）こと」「答えや正解はないこと」を，体験で理解させていきたい。

二度目が重要

　一度目は，ほぼよく似た形状の木が出てきます。見る角度や発想が異なるものが出てきたら，注目しましょう。そのとき，どんな視点や発想から形ができたのかを聞いてもよいかもしれません。二度目は，「いま出ていない『木』」を表現させます。

第Ⅱ部　授業づくり

ここがちがう!!

「みんなってすごい」を体験するための仕かけには2種類あります。1つは答えがあるものをより多く探し出す場合と，もう1つは答えのない場合。特に，答えがない場合については，何がよくて何が悪いといった評価はありません。その人にしか創造できない発想にみんなでふれることができます。それ故，自分には創造できない発想に出合ったとき，心の底から「すご～い！」って思うのでしょう。

◆ 進め方

1 今日の活動のねらいを伝える

①「自分たちが知らず知らずに身につけている概念を確認し，視点を変えることで見えるものが異なることに気づこう。」と伝える。

　知らず知らず，いままで目にしたものの形に囚われていること……お茶碗の形は？

②異なる形や視点を見つけたみんなをたたえよう。

2 色紙とはさみを使って，単純に表す

①「木」で思い浮かぶ形を色紙を切って表現することを指示。切り取った形は，随時黒板に貼りにくる。

②思い浮かぶだけ，作ってよいことをつけ加える。

左上＝下から見た木
左下，右下＝上から見た木

3 黒板に貼られた各自の木の形以外のものにチャレンジしよう

▶人の作品に対し，否定的な声だしはしないよう注意

　例）「なんだそれ!!　変な形」「きもちわる」「へたくそ」など

4 みんなでシェアする

①ほとんどが概念から木を創造していることに気づかせる。

　「黒板の木の共通点は？」と問うと，「横から見たものが多い」「葉っぱが上に固まっている」等の意見が出る。

②違った形の作品について話をしてもらう。

③視点を変えると違った形が見えてくることに気づかせる。

5 作品を作る

①もう一度「木」を創る。

▶「『木』を見る角度だけじゃなく，木を表すものを創ってみよう」などの声かけも良い。

6 みんなでシェアする

7 振り返り用紙に感じたこと，考えたことを書く

▶教師は，どんな表現が出ても，それぞれに工夫がみられたことを認める言葉がけが必要

中学校向き

調べ学習の習慣をつける
――調べることは楽しいこと

鹿嶋博章

◆ ねらい

　調べ学習がはじめから得意という子どもは多くありません。しかし，調べたいことが思いつかなかったり，何をどう調べてよいかがわからなかったりという子どもも，学習することに楽しみを感じられるようになってくると，「もっと知りたい（調べたい）」という意欲が湧いてきます。

　また，そうして得た知識が実際に使えたとき，調べるという行為に，より大きな価値を見出せるようになります。

　4月の授業開始と同時に，調べることは楽しいことであるという感覚と習慣をつくれれば，その後の活動で学ぶ意欲が出てきます。ここでは理科を例に，広く深く調べ，得た知識を実際に使いながら実験を行っていくことで，より率先して学ぶ子どもを育みます。

◆ ここをしっかり！

| どの程度調べるかは子どもに任せる |

　例えば，「『春の七草』について調べてくる」という宿題を出すと，子どもはどの程度やってくればよいのか，試行錯誤しながら宿題をこなします。1の問いに1で返す子どもが多いなかで，授業のモデルにしたい子どもは，1の問いを10にも20にもしてきてくれる子どもです。

　この子どもを高く評価してあげることで，教師がどこに重きを置いているかを子どもたちに実感させます。

| 評価は加点方式 |

　評価をする際には，調べた内容（質と量）によって，丸の数を決めておきます。すでに春の七草を知っている子どもは，あえて調べなくてもたった1行，名称のみ書いて宿題を終わらせることもできます。実際に調べてみると，名称以外に植物の写真や花なども目に入り，そのことを詳しく書いてくる子どももいます。さらに，七草の由来や，秋の七草，夏の七草へと興味が広がり，調べ学習は深く広くなっていきます。そのようなノートには丸の数を増やします。

第Ⅱ部　授業づくり

> **ここがちがう!!**
>
> 調べ学習は生涯教育につながります。その原動力になるのが，もっと知りたいという欲求です。調べることで，いろいろなことを知ることは楽しいことです。ただ，調べながらどこまで追求するかは人それぞれです。調べる際の広げ方と深め方を，身近なモデルを見ることで「あの人ができるのなら私にもできそうだ」「このやり方なら私にもできそうだ」といった代理的経験をすることで自己効力感も高まります。

◆ 進め方

❶ 宿題を出す

　1年生のスタート時に，調べ学習の宿題を出す。量や方法についてはとくに指示しない。

　例）理科「次の時間までに『春の七草』について調べてくる」

❷ その場で一人一人評価する

　授業開始時に，机の上に課題が書かれたページを出すように指示し，一人一人見てまわる。その際に，スタンプやシール，赤丸などで評価する。40人のノートを見ても，2分程度でまわり終えることができる。

❸ 調べ学習の評価の観点について説明する

　▶「自分のノートと，どこが違うのか見つけてみて！」

　モデルにしたい子どものノートを見せながら，ゆっくり歩く。

　▶自分のノートとの違いに気づいた子どもに，どこがいいか説明してもらう。

　どのような調べ学習がよいかを評価の観点についてクラスに説明する。

❹ 慣れてきたら，調べた内容を使う授業をつくる（応用）

　例）理科「化学の単元にある白い粉末の実験」

　食塩，片栗粉，グラニュー糖，ベーキングパウダーのそれぞれの性質について調べ学習をさせておく。

　調べてきた性質や特徴をもとに，どのようにすれば見た目が同じ白い4種類の粉末を区別できるか，4人1班で実験計画を立てさせる。

　例えば，ベーキングパウダーの主成分が炭酸水素ナトリウムであり，水にとかすとアルカリ性の性質を示すと調べてきた子どもは，リトマス試験紙を使おうと提案する。また，それぞれの結晶の形を調べてきて，ノートに写真を貼ってきた子どもは，顕微鏡を使いたいと言ってくる。

　実験を実施した後の子どもの感想からは，「調べ学習した内容が役に立った」「隣の班より早く特定することができて嬉しかった」など，調べ学習が子どもにとってより価値のあるものになると考えられる。

小学校向き

子どもが集中できる仕組みをつくる

矢野有茶

◆ねらい

　大切な話をしたいのに，子どもたちはおしゃべりをしたり，集中を欠いてぼーっとしたりして，思うように教師の話を聞いてくれないことはよくあります。なんとかしようと教師は必死に叫んでみたり，近くにいる子どもに指示を出してみたり，黙ってみたりと，あの手この手で子どもたちの意識を自分に向ける努力をします。作戦がうまくいった日もあれば，どんな手を使っても聞いてもらえず，「はあっ」とため息がでることもあります。

　ここでは，毎回そのようなバトルをしなくてすむように，楽しく自然に集中できる仕組みづくりを行います。いくつかのゲームを組み合わせて，落ち着いて教師の話を聞く練習を行い，それを日常生活でも活かしていきます。

◆参考文献
家本芳郎編著『5分間でできる学級遊び──学級担任のさまざまなニーズに答えるベスト90』2002年，たんぽぽ出版
清水保徳編著『個を育て集団の力をつける　遊び・ゲーム集　小学校低学年』1999年，明治図書

◆ここをしっかり！

ねらいを明確に！　今回のねらいは「集中して話を聞く」

　学級遊びや学級づくりに関する書籍にはさまざまなゲームや活動が紹介されています。大切なことは，目の前の子どもたちの実態をしっかりつかみ，ねらいを明確に定めることです。一見内容の異なる活動も，ねらいは同じ。全体を貫く軸としてぶれずに構成することです。

日常で使うための構成に！「集中⇒見る，集中⇒聞く」

　子どもたちに話を聞いてもらうためには，話をする前に，教師に注目させなければなりません。そこで，本時の活動構成でも，集中させてから話を聞くという展開を多用します。また，「集中⇒見るまたは聞く」の活動を繰り返すことで，ゲームの後に集中するというパターンをつくり，ふだんの生活でも応用できるようにします。

教師と子どもの信頼関係をしっかり築こう

　話を聞いてもらうためには，子どもとの心の距離を縮めることも大切です。この先生のお話は聞いてみたいと思ってもらえるような関係づくりは欠かせません。

第Ⅱ部　授業づくり

> **ここがちがう!!**
> 子どもたちに伝えたいことが，うまく伝わらないことってよくあることです。子どもたちに何かを伝えるとき，いちばん大切なことは，話を聞く態勢ができているかどうかです。コツは，「先生の話を聞いていたらこんなに楽しいことができた（いいことがあった）」という体験を増やすことです。クラスの全員が集中して話を聞くことができてはじめて，聞いていてもうまく行動に移せない子への支援をすることができるのです。

◆ 進め方

「集中して見る」「集中して聞く」が今日のねらいであることを伝える。特別活動で下記のゲームをした後，朝の会や帰りの会の中でもゲームを行い，慣れてきたら，授業や話を聞かせたい場面でも，どの活動が合っているか考えたうえで入れていく。

1〜**4**の活動をスムーズに繋げることが重要である。一つ一つを単発の活動と捉えるのではなく，4つの活動を通して1時間の授業（45分）をつくる意識が必要なのである。

構成としては，**1**集中，**2**見るまたは聞く，**3**集中，**4**見るまたは聞くにしている。振り返りの際に，静かに集中することがよく見る，よく聞くことに繋がっていることに気づかせたい。

1 落ち着かせと集中「時間あてクイズ」

・全員立たせて，目をつぶり，1分たったと思った人は静かに座る。
・全員座ったところで，いちばん1分に近かった子どもの名前を発表し，拍手をする。
　・10秒から練習してもよい。　・算数科で時計の学習をした直後も効果的である。
　▶「1分をあてる」という時間を「静かに落ち着きを取り戻す時間」にする。

2 集中して見たり聞いたりする

・「まねっこゲーム」「だるまさんゲーム」「はな，はな，どこだ？」などから時間に応じて，見ることをねらいとするゲームをいくつか行う。

3 切り替えて集中する「集中カウントダウン」

・前の活動でにぎやかになっているので，大きな声で「いまから10秒後に」と言う。
・「5，4，3，2，1」は子どもたちと一緒にカウントし，「0」と言うと同時に教師は口に指を1本立て，「しーっ」と静かに口を閉じる合図をする。
・子どもたちが静かになったところで，次の活動の説明をする。

4 グループ活動をしながら見るときには集中する「どこが変わった？」

・3〜5人のグループをつくり，各チームで話し合いの時間をとる。
・だれがどこを変えるか決めて，問題を出し合い，当てっこし合う。
　▶今日のめあてをもう一度確認し，グループ学習になっても「集中して聞く，見る」ことを大切にすることを伝える。

中学校向き

やる気の出る再テスト
──点数更新制での評価

吉本恭子

◆ ねらい

　小テストでは，再テストこそが重要です。再テストを通じて「わからないことがわかるようになる」「わからないことを身につくまで学ぶことができる」「間違って学んでしまっていたら，それを学びなおすことができる」，さらに「友達に教えてもらえば楽しく学べる」ことを感じることができます。どの子どもも，ほんとうは「わかるようになりたい」「一問でも解けるようになりたい」と願っています。再テストは，「こんなに成長できる自分」がいることを子どもが実感できるチャンスでもあるのです。

◆ ここをしっかり！

バツの数だけ成長できる

　再テストを受けることで，明らかに「できるようになった」と子どもが実感できるように行うことがポイントです。バツは放っておいたらいつまでもバツのままで，できるようにはなりません。でも，バツの数だけ学ぶチャンスがあると考えれば，再テストを受けることは，それだけ成長できるチャンスがあるということになります。

苦しむだけではなく楽しみながらやる

　再テストを受ける子どもの中には，「自分で努力してできる」子どもだけでなく，「一人ではできない」「何をやっていいかわからない」「教師の言葉が理解できない」子どももいます。そんな子が再テストに挑むのはきっと苦しいだろうなと思いますが，友達とのかかわりがあれば，楽しみながら取り組めるようになります。わかりやすく教えてくれる友達を見つけて2人で学習すれば，一緒に楽しむことができます。合格すれば2人で達成感を味わうことで人間関係も深まり，友への感謝も生まれます。また，「困ったときは友達に聞いてみよう」という援助要請する力も身につき，一石何鳥にもなります！

評価のフレームを変える──いまの点数がその子の力

　再テストの最終結果が，その子が達成し，いま，身につけることのできた力であると判断します。教師のフレームを変えるだけで，再テストを受ける子どもはもちろん，すでに合格している満点ではない子どもも，努力した分だけ評価してもらえると，意欲的にチャレンジするようになります。

ここがちがう!!

ここでは、私が理科の小テストで実際に行っていた方法を紹介しました。子どもが学習内容を理解し、できるようになるには、教師がていねいにかかわるのはもちろんですが、子ども自身がわかるようになりたいと思うことが一番です。そのための方法が、点数更新制の考え方です。つまり、小テスト実施がゴールではなく、全員ができるようになることがゴールということです。小テストは、途中経過のチェックにすぎません。

◆ 進め方

❶ 小テストの予告──これが確実に出ます！

①テスト問題は学習内容の基礎基本とし、がんばれば誰でも満点が取れる問題にし、テストの実施前に合格ライン（例えば80%以上できたら合格など）を決める。

②子どもには事前に出題する問題を渡しておく。ただし、それをそのまま出すのではなく、順番をシャッフルしたり数値を変えたりして出す。丸暗記するのではなく、理解してはじめてできるような内容になるよう工夫をする。

▶ここで肝心なのは問題づくりのためのアセスメント

テストは何問にするのか、難易度はどうするか、事前に渡した問題を全部出すのか、選んで出すのかなど、子どもの実態に合わせて小テストをつくる。

❷ 小テスト本番──勉強時間の確保

「ではいまからテストをします」と告げた瞬間、「え～？　ウソ！」「今日テストだっけ？」などの声が出たら、「じゃあこれから2分間だけテスト勉強していいよ」と伝えて、時間を確保する。たった2分間勉強しただけでも、これだけできるようになるという体験をすることで、勉強することの大切さを学ぶことができる。ただし、これは最初の何回かだけで、あとは家庭学習するよう促していく。

❸ 再テスト週間の設定──何度でもチャレンジ

①1週間を「再テスト週間」として、合格ラインに達しなかった子どもは、休み時間や放課後に何度でも再テストを受けることができるようにする。

②自力でできない子どもは、教えてもらう友達を見つけてわかるまで教えてもらい、テストにもつき添ってもらうことができる。

❹ 評価は点数更新制

評価は再テストを受けてできるようになった点数とし、がんばった分だけ更新されることで成長を実感でき、教えてくれた子どもと一緒に喜び合える。また、合格ラインぎりぎりで合格していた子どもも、点数更新制を用いることで、満点を取れるようになるまでこちらが言わなくても主体的にチャレンジするようになる。

【小学校向き】

子どもの状況に合う「詩」を選ぶ
——「ぐりまの死」草野心平作

梅原幸子

◆ねらい

　〈読み取る〉ということは、書かれている文面から情報を読み取り、書き手の伝えたいことや世界観をイメージしていくことです。

　クラスにはいろいろな子どもがいます。国語では、特に長い作品だと集中力が続かずに、途中で読むことをスルーする人も出てきます。ところが「詩」の教材は、書かれている文が短く、リズムがあり、擬態語や擬音語が巧みに使われています。短い文章でも、このリズムや、擬態語、擬音語から、作品の内容を豊かにイメージすることが可能になります。

　個々の子どもが読み取ったイメージを豊かに表現、表出するのに、クラスの子どもの状況にあった「詩」を取り上げ、授業化することは、最適だと思われます。

◆ここをしっかり！

子どもの顔を思い浮かべながら教材を選ぼう

　授業中に悪戯が多くて授業にのれない子の顔を思い浮かべながら、この詩だとAさんはこの部分でこのような発言をするだろうなと考えたり、今回はBさんに焦点を当てて授業を創ろうというように、子どもの活躍の場を想定して教材を選びます。

教材は模造紙に書こう

　特に低学年であれば、これは必須です。高学年でもいろいろな子どもがいますが、模造紙を黒板に貼るなどして、視覚でもとらえさせるようにすることはとても大事です。

　さらに、模造紙には子どもの発言を書き込みしていき、次時の授業に生かします。授業時間としての一コマは終わっても、次の時間、この模造紙を広げて授業することで内容は持続しているのです。

多彩な表現で

　読み取ったことを表現する方法はいろいろあります。もちろん表出の仕方も同じです。書き言葉（ノートに書く、作文を書く）や話し言葉（意見を言う、発表する）のみではありません。時系列を伴う内容では、図面化することもあります。絵での表現も身体表現もあります。子どもによる表現方法の違いを、クラス全体で確かめ、認め合っていきます。子どもたちは、授業のなかで、こうしてつながっていきます。

> **ここがちがう!!**
>
> 大村はま先生の『ほめる種をまく』というお話の中で,「いいことがあったからほめようというのではなく,ほめることが出てくるようにほめる種をまいていくことを考えたい」とおっしゃっています。子どもの活躍の場を想定して教材を選ぶということは,まさに活躍の場の種をまいていることになるのでしょう。そして,その種をまくことで,子どもが主体となった授業の流れが必然的にできるのだと思います。

◆ 進め方

1 一斉読みをする・自分のイメージを書き込む

①「自分の頭のテレビに映ったことを文章でも絵でもいいから書いてみよう。」

▶低学年には「頭のテレビ」といったような表現もわかりやすい。

自分が書きやすいところから書いていく。この時間は5分から7分くらいとる。どの子から発表させようかということを念頭におき教師は机間指導を行う。

▶時間内に全文に書き込めなくてよい。なぜなら友達の話を聞きながらイメージが広がるので,その都度書き込みをさせていくことが大事である。

2 発表する

①子どもの発言は否定しない。

「う～ん？」と思うような発言を子どもがしたときは,「どの文章からそのように思ったの？」と根拠を明らかにさせる。この発言を聞いている子どもたちから,支持意見,修正意見,あるいは深める質問が出てくる。

▶「『声がかすれていた』と『声がかすれていった』はどう違うのか」などと教材分析をしておくと,どの文章から発言があっても授業を展開できる。

②授業は構造的に

机間指導は,どの子を切り口に展開するかを考えながら行うと,授業の組み立てができるので話し合いは深まる。切り口が違うと授業の流れが変わることもある。

▶子どもは子どもの発言を聞きながら読みを広げる。

③独特の読みをする子(特別支援の必要な子)への対応

自閉症独特の物事のとらえ方があり,主人公の死を受け入れられないM児の読みを,クラスに紹介する。子どもたちは,自分と違った感じ方や表現に驚きもするが,共感もする。

▶M児への見方を新たにさせるとともに,自分の読みの視点を拡大させる。

M児への声かけ例:「人と違っても大丈夫だよ」「間違っても誰かが修正してくれるよ。安心して自分の思いを出してごらん」「授業は新しい自分・友達発見だよ。クラスがつながり,互いを信頼できるよ」。

▶対応に支援員が必要な場合には力を借りる。本時の学習に必要な指示を具体的にしておく。

中学校向き

視覚教材からグループ活動へ

中石　忍

◆ねらい

　公民は，政治や経済など，社会人としての生活に欠かせない知識を学習する大事な教科です。しかし，中学生にとっては日常生活のなかで直接かかわってこなかった分野であり，また教師としても抽象的な説明が多くなりがちです。そこで，関連する写真やカードなど（視覚教材）を多く用いて，子どもが学習内容を具体的にイメージできるように工夫します。

　また，授業で学んだことを自分の生き方にいかせるよう，能動的な活動をしていくことが大事です。今回は死刑制度の是非について，グループで意見を出し合い，賛成・反対の立場を理由とともに発表します。

◆ここをしっかり！

正解のない問いを用意する

　授業で子どもに意見を求めると，教科書から正答を探そうとすることが多くあります。自分の考えをまとめることが大事なので，あえて正解のない問いを用意します。

印象に残る写真やせりふ

　視覚教材で具体的にイメージさせることで，自分はどの立場で考えるのか，また違う立場で考えるとどうなるのかをはっきりとさせることができ，グループ活動の際に多くの発言がうまれます。教科書の写真なども，せりふとともに掲示すると印象に残ります。キーワードも，ただ板書するのではなく，カードにして貼っていくと子どもは注目します。

黒板の情報量は少なく

　情報が多すぎると，子どもは混乱したり，その情報に誘導されたりします。用意する視覚教材は，考えるためのヒントを示すのみとします。

シンプルな活動内容

　同様に，活動をたくさん取り入れると，次に何をしていいのか混乱することがあります。「自分の意見とほかの人の意見を比べ，最終的な自分の意見をまとめる」，というシンプルな活動にします。

第Ⅱ部 授業づくり

> **ここがちがう!!**
> 考える力をつけるのにまず必要なものは興味をもつことです。「不思議だなぁ〜」「なぜだろう?」と思う気持ちです。つまり,疑問です。次にその疑問について自分なりに考えてみることです。さらに,それを人に説明することで,自分の考えがより明確になってきます。ここでは,1枚の写真をもとに「正解のない問い」(疑問)を投げかけています。正解がないからこそ,自分なりの考えを追求することができるのです。

◆ 進め方

1 裁判の仕組みについて学習する
▶視覚教材を用いて抽象的な言葉を具体的にイメージしやすくする。

テーミス像の写真を黒板に貼り,「剣なき秤は無力,秤なき剣は暴力」と,吹き出しに書いたせりふを貼る。また,検事や弁護士を主人公にしたテレビドラマなどを利用して,普段は見ることのない裁判の様子をイメージさせるのもよい。

※子どもの立場から,興味をもつことのできる教材を用意すること。ここで提示する視覚教材によって子どもの表情が変わり,発言を多く引き出せるかどうかが重要。

2 だれの立場で死刑制度を考えるか出し合う
▶立場が違えば意見が変わってくることに気づかせる。

子どもに発表させながら「被告」「被告の家族」「被害者」「被害者の家族」「裁判官」「第三者」などのカードを貼っていく。

3 班で意見を出し合う
賛成意見は青の付箋,反対意見は赤の付箋に書き,発表しながら画用紙に貼っていく。その際,参考となる視点を黒板への掲示物を使って確認させると,多くの意見が出る。意見が偏らないよう,「右側の人は賛成,左側の人は反対」と決めておくのもよい。

4 班で出た意見を学級全体に発表する
▶さまざまな意見を聴くことで視野が広がる。

代表者が付箋の貼られた画用紙を使って両方の意見を発表する。

5 自分の意見を文章にまとめ,発表する
▶説得力のある文章にすることが大事

賛否どちらかを理由とともに発表させる。時間がない場合は,机間巡視の際に発表させたい子どもを決めておき,数名に発表させる。慣れるまでは,文章の形式を決めて黒板に貼っておいたり,例文を示してもよい。

例)「私は死刑制度に賛成です。理由は○○にとっては××ということや,△△だからです。しかし,□□などの問題点があり,反対する意見も理解できます。」

中学校向き

猫社長による文法総復習
──四コマ漫画の活用

益田美佳

◆ ねらい

「今日の授業は文法をやります！」。そう宣言すると，必ず返ってくる反応は「え〜っ！」「いや〜っ！」というものばかり。国語を教えるうえで，避けては通れないけれども嫌われがちな文法をどのように乗り越えるか。また，既習事項の復習を効率的に行うにはどうすればよいか。それらを思案した結果，垣根を下げて，入り口を広げるために，教材を作ることにしました。「ゆるゆるのんびり，少しおバカな猫社長としっかり者の秘書による文法講座」という形をとり，合間にイラストや四コマ漫画を入れた冊子です。

◆ 参考文献
『改訂新版　つまずかない！　文法の学習』新学社

◆ ここをしっかり！

冊子を作るにあたって

特技を活かす

自分の趣味や特技を活かした教材（ワークシート）を作ることは，教師の思いを子どもに伝える術にもなるということが，今回の冊子づくりでわかりました。「先生がこんなにがんばってくれた！」と受け取ってくれた子どもも多くいました。どの先生にも趣味や特技がおありだと思います。ぜひ，自分の特技を活かした取り組みを実践してみてください。

キャラクターの設定

子どもたちが取っつきやすいものにしようという思いが第一にありました。数年前に敬語の学習をする際，猫社長と秘書の図をワークシートに用いたところ，子どもたちの飲み込みが非常に早かったことを思い出しました。そこで，今回の冊子作成にあたってもこのキャラクターを使ってみようと思いました。

四コマ漫画

子どもが混乱しやすいところや，流れで示したほうがわかりやすい部分には，四コマ漫画を描きました。2〜3ページに1つは入れることで，文法学習に対する視覚的な抵抗感を減らせました。

> **ここがちがう!!**
> イメージはあっても，絵を描くことが得意でない私は，絵の得意な子どもに私のイメージを語って描いてもらったことがあります。原子モデルと分子モデルを使って化学反応式を自分で書けるようにするまでのティーチャーズ・シンキングです。「得意でないからできない」ではなく，得意でないから子どもを巻き込み，一緒に作成することもできます。子どもがつまずきそうな箇所も，その子たちから聞くことができたので一石二鳥です。

◆ 具体例

冊子の内容は以下のとおり。総復習として，3年間で学ぶすべての文法を確認したり振り返れるものにした。

▶ 確認と振り返り

1. 言葉の単位　　2. 文の成分　　3. 連文節　　4. 指示語
5. 品詞　　　　6. 用言の活用　7. 自動詞・他動詞・補助動詞
8. 敬語　　　　9. 助詞・助動詞の解説

図1，2のように，内容と関係のあるものをイラストで説明します。**図1**の場合は興味を引くことと，指示語が普段からよく用いられるものであるということを意識させることを，**図2**では，イラストで示すことで動作の主をわかりやすくすることをねらいとしています。

▶ イラストでの説明がポイント

図1　「指示語」説明の冒頭に配置した四コマ漫画

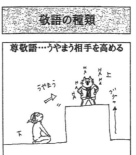

図2　「敬語」説明に用いた四コマ漫画と図

中学校向き

「白クマくんノート」で書く力を高める

依光加代

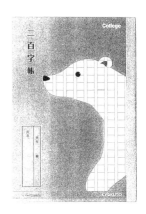

◆ねらい

　「白クマくんノート」とは，全校の子どもが国語授業の振り返りに毎時間使っている，白クマが表紙に描かれた黄色いノートのことです。書く力を高めるために「授業の振り返りを確実に行おう」ということが本校で示された際，「国語では二百字帳に書かせてはどうか」という提案が受け入れられ，全校生徒に持たせることになりました。現在，4人の国語科の教員が，それぞれに工夫をしながら白クマくんノート（通称白クマ）を活用しています。

◆ここをしっかり！

書く力を高めるための3つのポイント

①何について書くのかを明確に示す。

　本時の学習のねらいと関連させて書かせるのも一案です（右頁に一例掲載）。

②具体的な目標を与える。

　「（　　）分取るので，（　　）行以上」など，時間に見合った書く量の目安を示します。最初は子どもの実態を踏まえ，少しずつ時間短縮ができるようにします。

③書いたものには評価をする。

　赤ペンが有効です。コメントがむずかしいときは，キーワードなどに線を引いたり，点検印を押したりするだけでもOK。

枠を与えることの効果

　「白クマくんノート」に取り組むなかで，「何について書くのか」に加え，「どの程度（例えば，字数，行数，文の数）書くのか」を示すだけで，それまで書けないと思っていた子どもが書くようになったことは新たな発見でした。書く機会が多くなれば，当然，内容も向上してきます。白クマくんノートを何ヶ月か続けたころ，「そういえば，二百字くらい書くのはあんまり苦にならなくなった」と，子ども自身からうれしい言葉も聞かれました。

　白クマくんノートの活用範囲は，毎時間の振り返りだけではなく，「なりきり作文」や「他己紹介」を書かせるなど，取り組み期間が長くなるほど，広がっていきます。

ここがちがう!!

選択することは自律性を育てます。「マス目か罫線か選択させる」ことで、書くことが前提となり、それを選ぶことで責任が伴います。また、ここでは、書く力を高めるための工夫として、スモールステップが示されています。何をどのくらい書くのか、子どもの中にゴールイメージができれば、より取り組みやすくなります。そして何よりもこのノートを「白クマ」とネーミングしたことです。ものに名前をつけると愛着が生まれます。

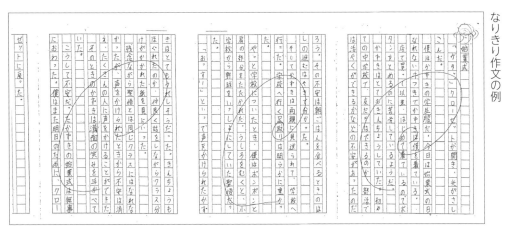

なりきり作文の例

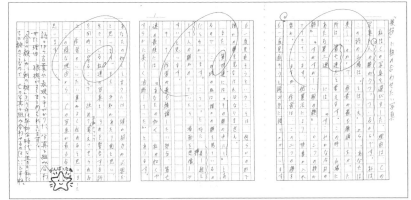

学習のねらいと関連させた例（「挨拶」という詩の学習で、学習のねらいである「詩に組み合わせたい写真を選び、その理由をまとめよう」について書いた例）

　白クマくんノートに先立ち、本校では、地元新聞のコラム欄の書き写しノートである「小社会書き写しノート」（高知新聞NIE推進部）に取り組んできました。その取り組みを通してわかったことは、子どもは「マス目があれば、それを埋めようとする」ということでした。また、この取り組みを始めてからは、記述式問題の無答率が著しく減少しました。教科書本文を通読しての感想も、大学ノート（罫線のみ）に「5行以上書こう」と言うよりも、「最低、百字は書こう」と言うほうが、しっかりと書けるのです。そこで、プリントについても、必要に応じて、前半がマス目、後半が罫線のシートを作成したり、マス目タイプと罫線タイプを両面に印刷し、子どもに選択させたりしています。

小・中学校向き

ブックトーク
自分が好きな本を紹介しよう

森山あかね

◆ねらい

　ビブリオバトルを参考にした，自分の読んだおすすめの本を紹介し合う活動です。ブックトークを通して，子どもは友達から表現方法を学んだり，読みたい本のジャンルを広げたりと，お互いに刺激を受けたり与えたりすることができます。本を介して友達のことを知ることで，人間関係も深まります。コミュニケーション力，プレゼンテーション力がつく活動です。学期末に1回など，定期的に積み重ねて行うことで，さらに力がつきます。

◆ 参考文献
谷口忠大『ビブリオバトル――本を知り人を知る書評ゲーム（文春新書）』文藝春秋

◆ここをしっかり！

ジャンルを自由に

　小説や物語だけに絞らず，図鑑，まんが，詩集，科学的な本など，どんな本でも紹介可能にします。「国語」に苦手意識をもっている子どもでも，「それなら好きな本があるよ」とモチベーションが上がり，参加意識が高まります。

メモはあくまでもメモとして

　ビブリオバトルの公式ルールとは異なりますが，授業ではワークシートに発表用のメモを書かせています。ワークシートには，話すことが苦手な子どものために，こういう観点から話すといいというヒントを書いておきます。ただし，あくまでも話すときのメモとして，単語，人名，ページ数，思ったことなどを，短い言葉で書かせるのがコツです。文章で書くと，それを読み上げて終わりがちなので，できるだけ短く書くようアドバイスします。

どうしても話し続けられない子どもには

　ビブリオバトルの公式ルールでは，発表は1人5分ですが，クラスの実態によって，時間は短くします。また，話すことが苦手な子どもは，事前に班の友達に申告し，ディスカッションの時間前にプレゼンテーションを終了し，友達から「それでどうなったの？」「ほかにも登場人物はいるの？」などと応援の質問をしてもらってよいこととします。

第Ⅱ部　授業づくり

ここがちがう!!

幼稚園や保育園には，○○博士（例えば，昆虫博士や国旗博士など）がたくさんいました。小学生や中学生になると，その○○博士がどんどん少なくなり，しまいにはほとんどいなくなってしまいます。もしもクラスの全員が，何かしらの○○博士であったなら，自然と互いに学び合う環境になるのではないでしょうか。○○について語らせたら私の右に出るものはいない，そんな活動を次ページから教科別に紹介します。

◆進め方

１ ブックトークを行うことを知らせる

▶自分が好きな本をみんなに紹介し，その魅力をみんなに伝える。

「どんなジャンルの本でもいいから，自分が大好きな本をみんなに紹介し，その本の魅力をみんなに伝えよう」と呼びかける。本の中身を見せたり，教師が自分の経験を交えながら熱く語ると good。

▶教師が実際にプレゼンテーションのモデルをしてみせるとよい。

次時に向け，ブックトークで紹介したい本を子どもに用意させる。

２ 持参した本を見ながら，プレゼンテーションメモを書く

どういう観点で話すと聞き手が興味をもつか，自分が話しやすいかなど，具体的に例を示しながら説明する。早くメモが仕上がった子どもは，タイマーを持って練習に取り組む。

例）自分が好きな理由，好きな場面，あらすじ，登場人物について，面白いページの紹介，紹介したい文，作者について，シリーズの紹介，どういう人におすすめか，どんなことに生かせるか，自分の経験と照らし合わせて考えたこと……など

３ いよいよブックトーク予選大会

①プレゼンテーションは１人３分。実際の本を提示しながら班の友達にメモをもとに話す。３分間は話し手の時間なので，事前に申告があった子ども以外は，話につまっても，周りはじっと待ってあげる。

②ディスカッション２分。プレゼンテーション終了の合図があったら，話している途中でも終わりにし，班の友達とディスカッションを行う。この２分は聞き手の時間なので，聞き手は責任をもってディスカッションが盛り上がるようにする。

▶聞き手は質問をしたり，感想を述べたり，話題を提供したりする。

③班員全員が終わったら，投票を行う。自分の本以外で，いちばん読みたくなった本に挙手する。同数だった場合はジャンケン，または「前回決勝に行ったから，今度は君が行っていいよ」などの話し合いで決める。

④ワークシートに，振り返りを書く。友達についての振り返りをお互いに読み合う。

⑤各班の優勝者を紹介する。次時の決勝大会を予告して終了する。

●ブックトーク応用編❶

中学校国語

那須　泰

◉ **トピックの例**

- 文法（品詞）トーク（品詞の働きやその具体的事例から，文法的理解を深める。高校生ならば，古文助動詞トークなども可能）
- 漢字トーク　・漢字語源トーク
- 古典作品トーク（源氏物語，枕草子，平家物語など，古典作品の魅力を伝えるトーク）
- 百人一首トーク　・源氏に愛された女性トーク（『源氏物語』登場人物など）
- 韻文学トーク（大好きな短歌，俳句，詩を取り上げ，その世界を伝えるトーク）
- 純愛小説トーク　・推理小説トーク　・歴史小説トーク　・ミステリー小説トーク
- 海外（翻訳）小説トーク　・映画化された小説作品トーク　・昔話トーク
- 作家別作品トーク（森鷗外・夏目漱石といった日本を代表する作家，村上春樹・村上龍などの現代作家など）　・新書トーク　・週刊誌／雑誌トーク
- 芥川賞（直木賞）作家作品トーク　・教科書掲載作品トーク
- 朝読書で読んだ本トーク（朝読書への動機づけと成果発表につながるトーク）　など

◉ **発表モデル**

> 百人一首トーク：自分の好きな百人一首の作品を一つ選び，その歌に詠まれた世界や魅力について紹介してください。

例）60番　伊勢太夫：「いにしへの奈良の都の八重桜けふ九重ににほひふるかな」の魅力を紹介します。皆さん，春を彩る桜と言えば，やはり「ソメイヨシノ」ですね。しかし，この歌に詠まれたのは「八重桜」です。（＊ソメイヨシノと八重桜の写真を提示する。）かつて栄えた奈良の都に咲いていた八重桜。それがいま，京の都で華やかに咲き誇っている様子を想像してみてください。どうですか？　さて，この歌の詠まれた背景をご説明しましょう。当時，都の京都には八重桜はほとんどなかったそうです。その桜が平安時代の全盛期を支えた一条天皇に献上されることになりました。…（後略）…

　　　　　　　　＊和歌の中に使われている修辞法などにもふれると，より理解が深まります。

> 漢字トーク：自分の好きな漢字を選び，その漢字の成り立ちや魅力について紹介してください。

例）「恋」：私は大好きな漢字「恋」の魅力を伝えたいと思います。皆さんは「恋」という漢字はもともと「戀」と書いていたのを知っていますか？（＊「戀」の旧字体と象形文字を掲示する。）上の部分は「糸＋言＋糸」で成り立っています。真ん中の「言」は「言葉」ですね。昔の人は，このむずかしい漢字を「イトシイトシトイウココロ」と覚えたそうです。「恋」は男と女の言葉のやりとりが大切ですね。古典の世界では，和歌という「言葉」で，相手を思う気持ちを伝えていたことからもわかります。「戀」の上の部分は，「言葉」を「糸」と「糸」，つまり男と女が引っ張り合っている状況を表していると言えますね。しかし「恋」は思っているようにはうまくいきません。「糸」のようにもつれてこその「恋」？　…（後略）…

　　　　　　　　＊漢字の成り立ちと意味，具体的事例を交えて発表すると面白くなります。

● ブックトーク応用編❷

中学校社会

樋口大祐

◎ トピックの例

・都道府県トーク（特産品や観光地を調べて，外国人向けの旅行プランにする）
・郷土トーク（自分が住んでいる都道府県のあまり知られていない魅力を紹介する）
・行ってみたい国トーク（ヨーロッパ編・アジア編など。気候風土や経済活動のしやすさ，歴史や文化，日本との関係など，テーマを分けて行ってもよい）
・戦国武将トーク（織田信長・豊臣秀吉・徳川家康以外の，授業であまり取り上げられない戦国武将について。生き様や魅力，有名な戦略などを紹介する）
・幕末の志士トーク（志士たちの国家像や志など）
・政治家トーク（歴史を動かした人物，歴代の日本の総理大臣，アメリカ大統領，など）
・法律トーク（どんな法律があるか，いろいろなきまりはどの法律に載っているのか）
・憲法トーク（好きな条文を選んで紹介）

◎ 発表モデル

> 行ってみたい国トーク：自分が興味をもったヨーロッパの国，住んでみたいヨーロッパの国を1つ選んで，気候・生活・文化・産業について紹介してください。また，自分がどこに魅力を感じたかを紹介してください。

例）**スウェーデン**：北欧の国スウェーデンは，高緯度に位置しています。国土の8割は亜寒帯気候で，冬の寒さは厳しいのですが，首都ストックホルムのある南部は，西岸海洋性気候（温帯）で比較的過ごしやすいそうです。……（中略）……

スウェーデンの消費税はなんと25％で，生活するとなると，物価も日本より高いです。しかし，教育にお金はかからないし，医者に診てもらうのもタダで，高い水準の社会福祉を受けることができ，老後も安心です。「重税」か「老後の不安」か。とても悩みますが，私は……（後略）

＊その国のよい面だけでなく，よくない面も紹介します。最後に，それを上回るいい面を紹介すると，深い追究になり説得力も増し，またそこから今後の授業においても展開の幅が広がります。

＊応用編として，トークで紹介した国々をグループ分けし，EU加盟について考えるのも面白いでしょう。
・西岸海洋性気候，地中海性気候など気候別に分け，農業の特色や農作物の共通点を見つけましょう。
・EU加盟国間では関税がかからないこと，国境の通過が自由であること，労働者の移動も自由であることなどを確認し，そのメリット・デメリットを自分が紹介した国の立場から考え話し合わせると，さらにヨーロッパの学習が深まり，EUの課題に迫れます。例えば，イギリスなどEU加盟はしているが共通通貨を使用していない国の場合は，「ユーロに変えるべきか？」や，ノルウェーなどの未加盟国の場合は，「EUに加盟するほうがよいか？」など焦点を絞ると話し合いが深まり，ヨーロッパの学習の本質にせまることができます。

●ブックトーク応用編❸

中学校数学

大石裕千

◆ **トピックの例**
・公式トーク（円の面積，長方形の面積，球の表面積・体積など）
・数学史トーク（パスカルが考案した座標，0が生まれた国，インド数学など）
・数学者トーク（ピーター・フランクル，秋山仁，森重文など）
・図形トーク（三角，四角，円，台形など）
・立体トーク（円柱，正四面体，球など）
・グラフトーク（比例，反比例，一次関数など）
・項トーク（単項式，多項式，次数など）
・数トーク（自然数，整数，友愛数，婚約数，完全数など）
・計算トーク（和，差，積など）
・和算トーク（鶴亀算，旅人算，流水算など）

◆ **発表モデル**

> 数トーク：自分の好きな数を選んで，なぜその数が好きなのか，その数の美しさやその数に関するエピソードを紹介してください。

例）220：皆さんは『博士の愛した数式』という映画を見たことがありますか？ その中で主人公に博士が，「愛し合う運命的な『友愛数』」というものの存在を語ります。

　私たちの身の回りに，美しいものはたくさんあります。花や景色，シンメトリーの建物や風景などです。私は，以前より数学の先生から数学は美しく愛あるものだと聞いていました。そのときは特に何も感じなかったのですが，この映画を見て「友愛数」を知ったときになるほどと思ったのです。

　この数の関係は，とてもアーティスティックである意味人間的でさえあるのです。

　映画の内容は，博士の家に来るようになった家政婦さんの誕生日が2月20日で220，博士の腕時計のシリアルナンバーが284。博士はこの偶然の一致に大変喜び，次のように言っています。

　「220の約数（1，2，4，5，10，11，20，22，44，55，110）の和は284，284の約数（1，2，4，71，142）の和は220。友愛数だ。めったに存在しない組み合わせだよ。神の計らいを受けた絆で結ばれ合った数字なんだ。美しいと思わないかい。君の誕生日と，僕の手首に刻まれた数字が，これほど見事なチェーンでつながり合っている」

　つまり，一方の数の約数（自分自身は除く）の和が，他方の数に等しくなっている数どうしの組を「友愛数」といいます。

　友愛数の組は，〔220，284〕〔1184，1210〕〔2620，2924〕など。

　この数の組はいまなお，スーパーコンピューターで計算していますが，莫大な時間がかかり，無限にあるのかどうかさえ，いまだに証明されていないのです。あなたの身の回りにもミステリアスな数が存在しているかも？

●ブックトーク応用編❹

中学校理科

鹿嶋真弓

◎ トピックの例
・野菜や果物の花トーク（ホウレンソウの花・キャベツの花など）
・動物トーク（ラクダのこぶ・カメレオンの擬態などの生態や習性）
・魚類トーク（タツノオトシゴ・深海魚などの生態や習性）
・微生物トーク（ミジンコ・アメーバなどの生態や習性）
・昆虫トーク（アリ・カマキリなどの生態や習性）
・体の器官トーク（肺・肝臓などの仕組みやはたらき）
・天体トーク（土星の環・月の裏側などの知られざる世界）
・金属トーク（ナトリウム・鉛などの性質）
・科学者（発明家）トーク（フランクリン・ガリレオなど）
・元素記号トーク（H・Cなどの由来）
・自然現象トーク（陽炎・虹・オーロラなどはどのようにして発生するか）　など

◎ 発表モデル

> 植物トーク：自分の好きな植物や面白そうな植物，みんなが知らないような植物を1つ選んで，その面白さや魅力について紹介してください。

例）チューリップの面白さ：私は「チューリップ」を紹介します。誰でも知っているチューリップですが，知れば知るほど面白いのもチューリップです。皆さんは，小学生のころチューリップを育てたことはありますか？　もちろん，球根を植えましたよね。でもよく考えてください。チューリップは花ですから，そこにはめしべもおしべもあって，受粉すれば子房の中の胚珠が花粉の中の精細胞と受精してやがて種子になります。ということは，チューリップにも種ができるってことです。では，その種子を植えたらどうなるでしょう？　うまくいけば芽が出ます。でも，花は咲きません。1年ごとに葉も球根も大きくなるのですが，やはり花が咲かないとさみしいですよね。では，いつ咲くのでしょう？　球根の場合，秋に植えれば次の年の春には咲きます。でも，種を植えた場合，チューリップの花が咲くまでには，何と5年以上かかるそうです。小学校1年生のとき植えても咲くのは…って考えると，やはり球根のほうがいいのかなぁ〜って思います。

　ほかに球根と種で何が違うかというと，球根はお店で買うとき，赤とか黄色とか白とか球根にテープが巻いてあります。つまり，この球根を植えたら，このテープと同じ色の花が咲きますよって，何色の花が咲くか予言できるのです。なぜなら，球根は無性生殖，つまり，クローンだからです。でも種は有性生殖です。だから花が咲くまで何色かわからないってことです。……（後略）……

●ブックトーク応用編❺

中学校英語

水野淳介

◆ **トピックの例**
・国トーク（アメリカ，カナダ，フランスなど）
・世界遺産トーク（万里の長城，モンサンミッシェル，アンコールワットなど）
・海外有名人トーク（ジョニー・デップ，キャメロン・ディアスなど）
・日本文化トーク（お正月，ひな祭りなど）
・洋画トーク（タイタニック，アバター，など）
・英語の歌トーク（Stand by me，Honesty など）
・世界一トーク（エベレスト，ナイル川など）

◆ **発表モデル**

> 世界遺産トーク：自分の好きな世界遺産，自分が感動した世界遺産，自分が行ってみたい世界遺産を1つ選んで，写真を使いながら英語で紹介してください。

例) Machu Picchu : Have you ever been to any world heritage sites? Look at this picture. Do you know where it is? It is in Peru. We call it "Machu Picchu". It is located 2430 meters above sea level. It was built by the Inca emperor in the 15th century. It has been on the world heritage list since 1983.

（世界遺産にいままで行ったことがありますか。この写真を見てください。これがどこかわかりますか。ペルーにあります。マチュピチュと呼ばれます。2430mの高さにあります。インカ王のために15世紀に建てられました。1983年に世界遺産に登録されました。）

> 英語の歌トーク：自分の好きな英語の歌，もしくは英語のフレーズの入った歌，自分の気に入った英語の歌詞を1つ選んで紹介してください。

例) Stand by me：みなさんは"Stand by me"という映画を観たことがありますか。この映画は12歳の少年4人が冒険に出かけるという話で，いまもなお多くの人に観られている作品です。その映画の主題歌にも使われた，"Stand by me"という曲を紹介したいと思います。まず，この歌を聴いてみてください。（曲を流す…♪）この歌で一番多く出てくる語句は何だと思いますか。「Stand by me」そうですね。それでは，"Stand by me"とはどういう意味だと思いますか。「そばにいてほしい」そうですね。みなさんがそばにいてほしいと思うときとはどんなときかな。私は，不安なときや落ち込んでいるとき，また，素晴らしい光景を目にしたときなど，誰かと分かち合いたいときに「そばにいてほしい」と思います。…後略…

＊歌詞の「紹介」は万人向けですが，歌詞や詩の「解読」は中学生にとってかなり難易度が高いため，英語が苦手な子どもにはむずかしいと考えられます。配慮が必要です。

● ブックトーク応用編❻

中学校音楽

石黒雅文

🔵 トピックの例

- 作曲家トーク（フォスターと著作権，ベートーヴェンの遺体解剖？）
- 音のトーク（赤ちゃんの産声はラ，管弦楽で使われる楽器で最低音と最高音の出る楽器，それはピアノ？）
- 信じがたいトーク（音に色がある，指揮をして死んだ？）
- 歌舞伎トーク（顔の色と模様（隈取），歌舞伎から生まれた言葉）
- 不思議な音トーク（お寺の鐘のうなりの音，倍音とハーモニー）

🔵 発表モデル

作曲家トーク：作曲家について調べ，みんなが驚きそうなことを紹介しよう。

例）ベートーヴェンの遺体解剖：授業でベートーヴェンのデス・マスクの話を聞き，調べてみると「遺体解剖」という文字が目に入り驚きました。彼は死の直前に，難聴の原因を調べるために自分の解剖を依頼しています。1827年3月26日に亡くなり，死後まもなくベートーヴェンの家で医師により解剖が行われました。デス・マスクは彼の死後，2日後の28日に，画家によって作られています。遺体解剖記録が正確であれば，ベートーヴェンは耳硬化症という伝音性難聴だったと推測されます。…中略…今日の医療技術をもっても，この難聴治療は困難とのことでした。

不思議な音トーク：なるほどと納得してしまう，聞き慣れた音を調べ紹介しよう。

例）お寺の鐘のうなりの音：教会の鐘は「カラーン・カラーン」と聞こえるのに，お寺の鐘はなぜ「グォーン〜〜」と聞こえるのか不思議に思い調べてみました。

　鐘の音は昔から3つの部分に分けられています。撞木（しゅもく）が鐘を打撃した直後の音で，ふつう打音と呼ばれ，耳ざわりがなく，グォーンという荘重な響きをもった1秒以内で消えるのが「アタリ」。これに続いて約10秒ぐらい続く高い感じの音で，比較的遠方まで届き，離れた所で聞く音が「オシ（遠音（とおね）とも呼ぶ）」。これに続いて30秒から1分ぐらい余韻が強弱（うなり）を伴ってだんだん減衰していく「オクリ」の3つです。「鐘のうなり音」についての研究から，3つの固有振動モード（143.0Hz，319.0Hz，395.4Hz）があり，うなり音は周波数が近接した音が重ならないと生じない現象なので，この3つだけではうなり音の説明がつきません。うなり音は鐘の形状が回転対称から若干ずれていることが重要で，その結果，一番低いモードが僅かに分裂して，うなり音が発生するのだそうです。また，「撞座」（つきざ／どうざ，撞木で鐘を突く部分の飾り）の存在がこの音の分裂に大きな寄与をしうなり音を作り出しているようだとの結論でした。…（後略）。

＊鐘は「一口（いっこう）」と数え，一口製作するのに短くて3〜4カ月かかります（国内最大は48トン）。鐘の値段は，標準品で高級乗用車1台分程度（約400万〜500万円）。現存する国内最古の梵鐘（京都の妙心寺）は，西暦698年前後（推定）に鋳造されたもので，1300年も使われています。

●ブックトーク応用編❼

中学校美術

今崎順生

◎ トピックの例

- 現代美術トーク（日本・世界の芸術祭，イサム・ノグチの「モエレ沼公園」，荒川修作とマドリン ギンズの「養老天命反転地」，クリスト＆ジャンヌ＝クロードの「ゲート」，高松宮殿下記念世界文化賞など）
- 近代美術トーク（超現実主義の画家，印象派の画家，マルク・シャガール「誕生日」，中村彝・青木繁の作品など）
- 芸術家トーク（ゴッホ，中林基，アンドリュー・ワイエス，横尾忠則，ピカソ，岡本太郎，アントニオ・ロペス，フランシス・ベーコンなど）
- 美術館トーク（国立近代美術館，県立美術館，メトロポリタン美術館，地中美術館，現代美術館，など）
- 日本の色トーク（藍，鼠，浅黄，鶯，えび茶，臙脂，黄土，など）
- 美術の道具トーク（彫刻刀，油絵の具，キャンバス，など）
- 神社仏閣トーク（修学旅行先の寺院建築，仏像など）
- ロゴトーク（絵文字，レタリング，好きなデザインのロゴやエンブレムとその理由）
- 作品トーク（自分のつくった作品について紹介する）

◎ 発表モデル

> 現代美術トーク：現代美術の多様な作品（図録等）を鑑賞し，気に入った作品の面白さや，自分なりに感じた，画家の制作に対する考えや思いについて紹介してください。

例）サイ・トゥオンブリーの作品：これは私（教科担任）の大好きな画家の作品です。私が高校生のころから憧れていた絵で，初めてこの作品を生で鑑賞したときに衝撃を受けて絵の前で立ち尽くしてしまいました。実物の作品を前にして，絵を描くことの大切さを改めて感じました。この作品は一見すると子どもの落書きのように見えますが，美術のノーベル賞といわれる高松宮殿下記念世界文化賞の絵画部門で受賞したサイ・トゥオンブリーの作品です。

＊現代美術の多様な作品（図録）を鑑賞することで，美術作品の面白さや，画家の制作に対する考えや思いを感じ，表現活動の奥深さを知る機会にします。中学校の美術で多くの現代美術作品を鑑賞することで，生涯を通じて豊かに生活を楽しむ基礎になるということを伝えます。

　現代美術には一見難解な作品が多いですが，ユニークであったり考えさせられたりする作品も多く，中学生にとっても興味深いものだと思います。中学生の時期に多くの現代美術作品にふれることで，意外と身近にある現代の美術に興味をもつ入り口にしてほしいものです。また，作品についてグループ間で意見交流をすることで，自分の思いや考えを言葉にしてまとめたり，友人の意見を聞いてさらに自分の考えを深めたりすることができることを伝えます。

● ブックトーク応用編❽

中学校技術

森岡　亮

◆ **トピックの例**
- 自分の作品トーク（本だな・小物入れ・飾り台など，自分の作品について）
- 強度を上げる構造トーク（筋交い，合板，ほぞつぎ，だぼつぎ，など）
- 構造を工夫できる接合トーク（板はぎ，組つぎ，とめつぎ，ほぞつぎ，だぼつぎ，つぎ手，など）
- 身近に使われている素材トーク（合板，集成材，MDF，鉄板，ステンレス，アルミ，プラスチック，セラミックなど）
- 驚きの新素材トーク（形状記憶合金，水の中で固まるセメント，メタルフォーム，アモルファス金属，カーボンナノチューブ，など）
- 工具トーク（ラジオペンチ，メガネレンチ，のみ，ノギス，カンナ，のこぎり，など）
- 発電方法トーク（火力，水力，原子力，太陽光，風力，バイオマス，波力，地熱，など）
- 作物栽培トーク（エダマメ，トウモロコシ，トマト，ナス，オクラ，ミズナ，など）
- 最新技術トーク（掃除ロボット，医療ロボット，福祉ロボット，ヒューマノイドロボット，人工知能，など）
- プログラムトーク（迷路生成，ライントレース，アニメーション，ゲーム，レスキューロボット，など）
- デジタル作品トーク（自分の好きなこと・好きな人物などを，デジタル作品をつくって紹介）

◆ **発表モデル**

> 木工製作品トーク：自分が製作した作品について，特徴や作ろうと思った理由，製作する中で苦労したところ，工夫したところなどを紹介してください。

例）ブックエンド：ふだんブックエンドを使って教科書を整理していますが，クリアファイルに入れたプリントなどは，よくへにゃっと曲がってしまい，プリントやファイルに癖がついていました。そこで，柔らかいファイルなども曲がらずに保管ができる本棚がほしいと思ったのがきっかけで，この作品を考えました。

　はじめは，スライドができる本棚の機能に注目してみました。よくあるスライドは，収納できる量を増やすためや，仕切る幅を変えるためのスライドですが，この作品はスライドすることで収納量が増えると同時に，プリントが少なくても曲がり癖がつかずに整理することができます。

　この作品をブックエンドにして，壁と作品の間で教科書等を挟むように整理します。教科書が少ないときは，作品の中に教科書をたてることもできます。

　私のものづくりの原点には，「シンプル　イズ　ベスト」という考えがあります。よって作品にもシンプルさを求めながら，それでいて機能性も損なわない作品に仕上げました。

● ブックトーク応用編 ❾

中学校家庭科

吉岡良江

◎ トピックの例

- 幼児に関する学習トーク（何歳で歩けるようになる，3歳児ってどのくらい小さいなど，幼児に関して知りたいこと）
- 旬の食材トーク（春の七草，山菜，夏野菜，秋魚，冬野菜など，季節の食材について）
- 好きな食材トーク（にんじん，大根，たまご，牛肉など，栄養素や扱い方について）
- 切り方トーク（千切り，みじん切り，そぎ切り，ささがき，飾り切り，など）
- 栄養素トーク（炭水化物，無機質，など）
- おせちトーク（お雑煮，黒豆，数の子，なます，昆布巻き，鯛など，種類や意味）
- 調理器具トーク（包丁や鍋の種類，便利な器具，など）
- 洋服トーク（ベンツ，タック，ファスナー，プリーツ，ダブルなど，名称や機能）
- 作品トーク（自分の作った被服作品や，献立などを紹介）

◎ 発表モデル

> 幼児に関する学習トーク：幼児との触れ合い体験が近づいています。よりよいかかわり方を工夫するために，「幼児の心身や運動機能の発達」「幼児の生活」「遊びとおもちゃ」に関することから，テーマを1つ選んで，その詳細について紹介してください。

例）**運動機能の発達**：みなさん，自分の幼少期のことを聞いたことはありますか？ だれでも，生まれてすぐに歩き始めるわけではありませんよね。「寝返りができるようになる」「はいはいができるようになる」「伝い歩きができるようになる」。このように，発達には，「頭部から尾部へ」「中心から末梢へ」というような一定の順序と方向があります。初めははさみを使って自分の思いどおりの形に紙を切れませんが，徐々に手先の細かな動作が可能になっていきます。（後略）

例）**心の発達**：幼児の発達は個人差が非常に大きいです。ひとつの目安としての紹介ですが，子どもは4歳ごろになると，仲間のことを考えて行動するようになります。幼稚園では3歳から5歳までの幼児と触れ合いますが，4歳というと年中さんくらいです。（後略）

例）**遊びとおもちゃ**：皆さんは幼いころ，どんな遊びが好きでしたか？ 幼児は遊びを通して創造する力や仲間との協調性等，さまざまな力を身につけていきます。（後略）

第Ⅲ部

人づくり

自分を大切にできる子どもを育てるには?
なりたい大人像や将来の夢を描かせるには?
子どもの成長にうまくかかわるコツと考え方!

小学校向き

承認の声かけ
Good Job! カードで友達のよさを観察する
―― コーチングの視点より

黒木大輔

🔶 ねらい

　コーチングの基本スキルに，「傾聴」「質問」「承認」の3つがあります。稲垣友仁によれば，「『私はあなたの存在を認めている』ということを伝える全ての行為・言葉」をコーチングでは承認ととらえます。つまり，「相手をほめる」だけではなく，あいさつや「相手の存在を認める」すべての声かけが，コーチングの「承認」です。また稲垣氏は，「承認」の効果として「自分自身の素晴らしさに気づき，自分にもできる力があると思えるようになること」をあげています。このような「承認」を全員がもらえて，子どもたちの自信と自尊心が高まる実践をめざしたのが，名づけて「Good Job カード」の実践です。

◆ 参考文献
稲垣友仁「コーチングの三つの基本スキルを学ぶ　承認」『児童心理』6月号臨時増刊，2010年，金子書房，p87

🔶 ここをしっかり！

学級全員が承認される機会を保障すること

　学級の一部の子どもではなく，全員が平等に承認される機会をつくります。承認の機会はいくらでも見つかります。一般的な「ほめる」行為は，よい結果に対する承認なので「結果承認」といいます。ほかにも，「新しい洋服だね」「毎朝，1番に学校に来ているね」と相手の行為そのものを認める「行為承認」や，「あいさつを返す」「目を見て話す」といった言葉や行動によって相手の存在そのものを認める「存在承認」も，「承認」の1つです。

ワクワクする仕かけをすること

　だれが自分を承認してくれるのか，最後までわからないような仕組みにします。「今回は誰をほめるんだろう」「今回は誰からカードをもらえるんだろう」と，子どもたちはワクワクドキドキすることで，活動への意欲が高まります。

教師も参加すること

　学校生活のなかで様子が気になる子どもには，教師が意図的にカードを書きます。子ども同士ではあまり気づくことのない，家庭学習のがんばり，授業での発想の豊かさ，友達への親切な行為などを認めていきます。

> **ここがちがう!!**
>
> この活動を通して，こんな体験をしてほしい，こんなことのできる人になってほしい，といった担任の思いが伝わってきます。この思いを実現するためには，「活動の意義を伝えること」と「モデルを示すこと」が大切です。黒木先生は，この活動に一緒に取り組むことで，大きな流れをつくり方向性を示しました。また，こうした活動を日常的に行うことで，友達のよさを見つける雰囲気が学級全体に広がっていきました。

◆進め方

1 「Good Job カード」の取組みを説明する

ほめられたときの気持ちや，友達をどんな場面でほめることができるかを考えさせた後，授業のまとめで「学校生活全体で友達を認めよう」とし，「Good Job カード」の活動を提案，やり方について説明する。

2 カードを配布する

「学級をほめ言葉（Good Job）でいっぱいにしよう」と，金曜日の帰りの会でカードを配布し，自分の名前を書かせたあと，いったん教師が回収する。下校後，机の中にカードをランダムに配布し，月曜の朝に誰を観察するかを確認できるようにする。

▶ 取組みに慣れるまでは，教師が意図的に子どもの組み合わせを考えてカードを配布する。日常的に承認されることが少ない子どもには，教師や仲のよい友達がカードを書けるように配慮する。

3 1週間，友達のよさを密かに観察させる

▶ 誰の Good Job カードを持っているかを明かさないようにしながら，友達のよさを密かに観察してカードに記録させる。このとき，「事実」と「気持ち」を書くよう，モデルを示す。「こっそり」行うことで，友達のよさを発見しようという子どもの意欲を高めることができる。

4 週末に返却する

1週間後の帰りの会で，自分の書いたカードを「Good Job！」と言いながら持ち主に手渡し，握手をする。メッセージを読んだあと，カードは教師が回収する。

5 Good Job カードを掲示する

・跳び箱で4段が跳べるようになったね。すごいな。（結果承認）

・あいさつの声が大きくて元気がいいね。私も真似したいな。（行為承認）

・僕の発表をしっかりと体を向けて聞いてくれたね。ありがとう。（存在承認）

▶ Good Job カードを見合うことで，いままで気づかなかった友達のよさに気づくことができる。また，ほめ言葉を表現することが苦手な子どもも，どんなところに気をつけて友達のよさを見つけていけばよいか，次回の取組みの参考にすることができる。

小・中学校向き

承認の声かけ
子どもへの「勇気づけ」とは
──アドラー心理学の視点より

松﨑　学

◆ねらい

　アドラー心理学を元にした子育てトレーニングのプログラムに，STEP（Systematic Training for Effective Parenting;Dinkmeyer & Mckay, 1976）があります。STEPでは，"ほめる"を否定しませんが，それが問題でないのは，子どもがその大人（親・教師）を尊敬していて，ほめられたからといってそれに依存的にならない場合としています。

　つまり，その関係性（タテ関係ではなくヨコ関係）や目的（コントロールしようとする／しない）・方法ないしは結末（他者との競争／自分との競争）などの区別が可能です。

◆参考文献

Dinkmeyer, D. & Mckay, G. D. 1976 Systematic training for effective parenting : Parent's handbook. Circle Pines, Minnesota: American Guidance Service, Inc.（柳平彬（訳）1982『子どもを伸ばす勇気づけセミナー：STEPハンドブック1・2』発心社）

◆ここをしっかり！

勇気をくじく言動をやめる＝悪循環を断つ

　我々自身，その育ちのなかでどうしても"問題"に目を向けがちです。その目の向け方に加えて，"教育"によってそれを修正させようといったスタンスに立ち，"注意・叱責"といった言動を選択しています。しかしその結果，子どもとの関係性は悪化し，子どもはその人の言うことに耳をふさぐようになります。さらに，自尊感情も低下させることになりがちです。"よかれ"と思って選択・採用しているアプローチに含まれる，勇気をくじく言動を意識化して，それを"やめる"という選択ができるのは自分しかいません。

子どもが感じていることを重視＝ありのままを受け止める

　大人から見ればいまひとつでも，子どもが「やったあ！」と感じていれば，その達成の喜びに共感することができます。「自分でうまくできてとてもうれしそうねぇ」などと。そういう機会を見逃さず，その関係を楽しむことが大事です。

　それがネガティヴな感情ならば，そのまま「あら，残念だったね」とその無念に対する"反映的な聴き方"で子どもに映し返し，その後，子どもの気持ちの整理がついたところで，「じゃあ，次はどうしようと思うの？」と，問題を子どもに返します。

> **ここがちがう!!**
>
> 人のなかで人は育ちます。感受性の強いこの時期に,どんな大人に出会い,どのような言葉かけをしてもらえたかは,子どもたちの育ちに大きな影響を及ぼします。「あの人が頷くだけで出る勇気」という言葉があります。この「承認の声かけ」は,人づくりの章のなかの根っこになるものです。日々の実践を振り返ったり,子どもとの関係性に行き詰まりそうになったりしたとき,付箋を貼って何度となく読み返してほしい頁です。

◆ 進め方

1 親／教師である自分自身の目の向け方を少し変える

自分の現在地はどの辺だろうか? その場面が10回あれば,"勇気づけ"は何回?

以下の勇気づけの側面について,自分の現在地を見定め,今日からの1か月間,ほんの少し建設的な目の向け方に努力してみようとその目標を設定することができる。

```
              1  2  3  4  5  6  7  8  9  10
"ほめる" ---------------------------------------------- "勇気づけ"
```

2 達成の喜びへの共感

子ども自身が試行錯誤して,満足できるテストの点数に「やったあ!」などと喜んでいるとき,「自分でうまくできてとてもうれしそうだねぇ」と,その喜びに共感する。その子がどう感じているかを大事にする。喜びの共有なので,その子とのハイタッチもOK。

▶ 子どもの喜びに共感する。余計な一言,「次もがんばれよ」は必要ではない。

・どんな場面で _____　　・どんな"勇気づけ" _____

3 努力・進歩に焦点を当てる

例えば,結果は不十分でも「前は間違っていたこれと同じような問題,今回は気をつけて解くことができたんだね」とか,「これに挑戦しようとしたあなたの意欲に頭が下がるよ」とか,「今回は残念だったけど,そのうちできるようになるって信じてるよ」など。

▶ その子自身の中での進歩に注目したり,結果は失敗でもその努力に焦点を当てたりする。

・どんな場面で _____　　・どんな"勇気づけ" _____

4 貢献への感謝

例えば,子どもたちも集中して授業に参加してくれたとき,「今日の授業,集中してくれてありがとう。おかげで先生もとても助かったよ」などと。

▶ "そう言っておけばまた次もそうしてもらえるだろう"といった下心ありの「ありがとう」は"勇気づけ"ではない。

・どんな場面で _____　　・どんな"勇気づけ" _____

中学校向き

プロモーションビデオで学校紹介

岡　慎也

🔷 ねらい

　行事のたびにお世話になっているデジタルカメラ。１年間撮りためた写真や映像を，簡単な編集ソフト（マイクロソフト，ムービーメーカーなど）を活用して，プロモーションビデオに作りかえてみてはいかがでしょうか。

　昨今，卒業式や学期末等に，懐かしい日々の思い出紹介をBGM入りの画像で演出することをよく見聞きします。せっかく時間をかけて編集する映像です。これから中学校生活を体験する新入生へのガイダンスとしても，それを活用してみましょう。学校紹介等で，保護者の方々へ視聴していただくのもよいでしょう。

◆ 参考文献
岡慎也・鹿嶋真弓　2014「学級経営における自治的活動の導入と教師の役割：特別活動指導の体系化の試みを例として」『高知大学教育実践研究　第29号』

🔷 ここをしっかり！

中学校への共通のイメージをもたせる

　行事の創造，子ども会活動についてのプロモーションビデオを視聴することで，中学校入学後の生活へ共通のイメージをもたせます。新入生が小学校と中学校の大きな違いについて考える機会にもなります。映像には，先輩中学生が苦労している場面も意図的に取り入れ，「うまくやらなければならない」といった，新入生の過度の緊張や不安も和らげます。「失敗してもいい」「先輩たちが待っている」という明るい展望をもたせましょう。

印象的な言葉をテキストメッセージに

　行事や学級活動には，それぞれに込められたテーマや意味があります。また，映像には，それを撮っている学級担任の想いも反映されているはずです。それらをキーワードや子どもの印象に残る言葉にして，画像や動画に挿入していきます。準備や休憩時間，日ごろの授業中を含めた素材にも簡単なテキストメッセージをつけ加えて編集します。

BGMの効果は絶大

　同じ画像，同じ言葉を用いて編集しても，BGMのあるなしで雰囲気は大きく異なります。プロモーションビデオにおいてBGMの効果は絶大です。

ここがちがう!!

子どもたちは，情報の多くをテレビから取り入れています。テレビは伝えたいことを映像と音響，文字を交えて発信しています。このような環境に慣れている子どもたちにとって，プロモーションビデオはまさに情報を受け取りやすいツールのひとつと言えるでしょう。さあ，やってみようと思っても，誰でもすぐにできるものでもありません。編集の得意な同僚や子どもたちの力を借りながら一緒に作業することから始めるのもひとつの手です。

◆ 進め方

1 プロモーションビデオを見せる

新入生に学校祭の映像を見せ，中学校では学校行事が生徒会活動によって運営されることを取り上げる。当日までの過程についても，しっかりその意義等にふれる。

2 作文等を紹介する

新しい生活に不安はつきものであることにふれ，先輩中学生の作文等を紹介し，中学校生活へのイメージを個々に喚起する。

3 感想を話し合う

[編集のコツ]

①素材が命。行事や学級活動はもとより，その準備期間の取り組みや，休憩時間も子どもと共に過ごしながら，デジカメやスマホを片手に，画像数枚と10秒程度の動画数点を日々撮りためる（筆者はケータイのカメラ・動画撮影機能を用いています。ファイルが軽く編集が楽だからです）。

▶行事の準備期間の取り組みや，休憩時間も素材にする。

②素材（画像・動画）を，編集ソフト画面にドラッグする。1年間たっぷり撮りためると，総計3時間程度の下書き映像ができる。後は，基本的に必要のない部分をカットしていく作業を続け，総計20分程度の映像にまとめる。

▶ほとんどが画像でも，数点の動画が加わることで，グンと映画らしくなる。

③キーワードや印象的な言葉をテキストにして画像や動画に挿入していく。「先生はこんな気持ちでかかわっていたんだ」ということが，画像上のテキストから伝わるようにしたい。

④BGMファイルを，編集ソフト画面にドラッグする。③の作業中からBGMを挿入しておくと，編集作業自体とても楽しく進む。

▶ドラマチックな子どもの場面では，BGMを消したほうが印象的なこともある。

中学校向き

サプライズでリーダー育成
——学年委員会の活動

野原正樹

◆ねらい

　1年間，共に喜びや悲しみ，苦労を積み重ねてきたクラスメイトや先生方との最後の時間。心が動くこの時期，子どもたちの気持ちもぐんぐん成長します。そのチャンスをとらえて，自主的な活動の企画を任せることで，リーダーとしての資質を育成します。

　ここでは，学校を離れる先生方に感謝を込めて，感動を与える離任式の企画・運営を行った，子どもたちのサプライズ企画を紹介します。学年委員会を中心とした子どもにすべてを任せることで，豊かな心を育て，リーダーとしての自信に繋げます。

◆ここをしっかり！

何を企画するか！　が決め手

　基本的には学年委員会が中心になってアイデアを出し検討しますが，全員が「よし！やるぞ！」と思えるような内容を，きめ細かく考えさせることがポイントです。当日の先生方の感動が大きければ大きいほど，子どもにとって意味のある取組みになります。喜びや苦労を共にした先生との思い出を再現できるものがよいでしょう。例えば，文化祭で発表した合唱を捧げるなどがあります。

サプライズをめざして心を一つに！

　気持ちを捧げる先生に，最後の最後まで気づかれずに，内緒にしておくことがポイントです。「このサプライズだったら先生は，絶対に泣くぞ！」。そんな気持ちや期待感から，子どもたちの間に自然と協力的な組織が生まれ，全体の気持ちが一つになっていきます。学年委員を中心に，サブリーダー的な子どもにも秘密を守るための分担などを与え，さらに協力的な子どもたちも徐々に巻き込み……という具合に，全体に広めていきます。

当日，教師は手を出さずに！

　サプライズ当日は，学年委員にすべてを任せましょう。感動で涙する先生の姿を前に，自分たちでやったという思いが強ければ強いほど，子どもの成長に繋がり，満足に浸れます。その経験こそが，リーダーとしての自信に繋がっていきます。

　終了後は，涙する子どもたち全員に拍手をしてあげてください。さまざまな想いのもと，心が動いている瞬間をたたえることで，豊かな心の成長に繋げます。

> **ここがちがう!!**
>
> 人は「誰かの役に立つ」ことにより自分の存在価値を高められます。そして自分の言動により，周りの人が喜んでくれたとき，それを実感できるのです。それ故，子どもたちはサプライズを企画し人を喜ばせようとするのです。ただ，何もしなくて子どもたちが育つことはありません。運動会や合唱コンクール等で，一生懸命に取り組む子どもたちの姿に教師自身が感動し，その喜びや感謝の気持ちをストレートに伝え続けることが大切です。

◆ 進め方

❶ 学年委員会での取組み

①学年委員会導入での最初の言葉は，「○○先生，泣かすぞ！」などがベストである。
　▶期待感が高められるような短いセリフの演出
②過去のサプライズの事例を子どもたちに伝える。
　▶自分（教師自身）が涙した場面・セリフなどを詳細に伝えて，イメージを増幅させる。
③初めは現実離れしたアイデアが多く出るため，教師が整理する。
　▶なるべくシンプルで，皆のやる気をそそるような内容に整える。
④内容・取組み予定がまとまったら，役割に合わせたサブリーダー（ノリがよく，盛り上げてくれるような子ども）を選出させ，細かく分担する。

❷ 学年集会で，内容・取組み発表

　最初に掲げる言葉は，学年委員会での言葉と同じ（「○○先生，泣かすぞ！」など）がよい。簡単な補足説明をして学年委員会にバトンタッチする。
　▶学年委員会主動である感じを出す。

❸ 準備・取組みで

　予定外であっても，前向きなアイデアや活動は歓迎する。
　▶可能なかぎり実現させてあげる。
　▶反応のよい子どもをドンドン巻き込み，さまざまな役割を与える。
　反応が悪い子ども（ノリが悪い等）には，その都度フォローを加える。
　▶当日が近づくにつれて，期待感から学年全体の気持ちが一つになっていく感じが出ればベストである。

❹ 離任式本番

①当日は，「絶対に内緒！」の言葉で，気持ちを一つにする。
②学年委員を中心とした，組織的な活動にすべてを任せる。流れに想定外の展開があったときのみフォローを入れ，子どもたちの活動に支障がないように調整・連絡をする。
③本番は，余計な言葉はいらない。先生方の涙のシーンで皆の心が動く。
④学年委員には，「すばらしかった！」などの激励の言葉で，今後の自信に繋げる。

中学校向き

創造的な生徒会活動

藤本紀和

◆ ねらい

　子どもたちが自ら進んで行う創造的な生徒会活動。それには彼らに信念をもたせることが必要です。信念とは、「自分が正しいと思うこと」です。私たちだって、納得できない仕事には熱くなれません。子どもたちにもそれが必要なのです。しかし、問題は「どうすれば信念をもてるか」です。

　生徒会執行部の最も大切な役割は、「活動（何をするか）」の提案ではなく、「活動を通して自分たちの信念を伝えること」だと私は考えています。それがなければ、全校生徒を動かすことはできません。また、たとえ取組みが成功裏に終わっても、その後の活動には続かないことがあるかもしれません。反対に、活動に満足できれば、彼らは「この次もやってみよう！」と思います。きっかけは成功体験だけとは限りません。

◆ ここをしっかり！

感情から生まれた活動であること

　「あいさつ活動」を1つの例として考えてみましょう。子どもたちは、「あいさつは大事だ」と思っています。ただし多くの場合、彼らは「どこかでそう聞いたから」大事だと思っているにすぎません。これは確信のない信念です。確信がもてるのは、自分が体験したことだけです。だから活動の必然性は、「体験を通した実感」に基づいたものでなくてはなりません。自分の内側から思いがあふれてくるまで、何度も問いかけます。

活動するときは、思い切る

　放送で呼びかける、学級委員にも協力を依頼する、学級全員で校門に立つなど、さまざまなあいさつ活動があります。無闇に奇をてらった活動をする必要はありませんが、子どもたちが「やってみたい」と思えるくらいの活動を、選択肢の1つとして提案してください。

活動はすべて見届ける

　子どもに任せることと、放任は違います。任せるとは、子どもの活動を全面的に支援することです。例えば一緒に活動する、放送や新聞などで全校に広める、などが考えられます。私はよく全校集会で執行部員の気持ちや考えを語り、共感を広げるようにしています。

> **ここがちがう!!**
>
> 生徒会活動は,自主性だけではなく主体性をもって活動することが大切です。自主性とはやるべきことをいかに人に言われる前にやるかです。つまり,自分で物事を考えているわけではありません。それに対して,主体性とはやるべきことをやるだけではなく,まずいと思ったらやめると判断し,さらにほかの方法を考えるといった創造的な活動ができる要素が含まれます。つまり,自分の頭で考えて行動できるのが主体性です。

◆ 進め方

1 教師も活動の意義を考えておく

子どもたちは「あいさつが大事」だということを知っている。しかし多くの子どもたちは,教室に入ってもあいさつをせずに,いきなり会話を始めている。現実には,あいさつをしなくても生活に困っていない。だから教師は,なぜあいさつをすることが必要なのかを考えておく必要がある。

2 「当たり前」の概念を壊す

子どもたちが「あいさつは社会に出て大事だ」と話したら,「あいさつがなくてもよいのではないか」と切り返す。彼らの話は誰かから聞いたもので,信念(自分が正しいと思うこと)ではない。

▶ 信念は必ず自分の中にある。それに気づかせるために,教師はわざと反対の立場に立って,子どもたちに問いかける。

3 感情を引き出す

困り果てた子どもたちは,自分の実体験に立ち戻ろうとする。例えば「元気のなかったときに,あいさつされて少し元気が出た」などと。そのときの感情に,教師は十分に共感する。「どんな気持ちだったの」「みんなにもそう思ってもらいたいよね!」という具合に。

4 教師の考えを話す

子どもと感情を共有するとともに,教師の考えや感じ方も話す。「あいさつは元気のないときに元気を与えるんだね」「先生は,好きな子とだけでなく,いろんな人とかかわろうとする姿勢の表れがあいさつなんだと思うよ」など。

▶ これが,さらに考えを深める視点となる。

5 活動方法は,子どもの考えを尊重する

子どもが具体的な活動を考えてきたら,「君が悩んで考えたのなら,協力するからやってごらん」と話す。子どもの提案した活動は稚拙かもしれないが,精一杯考えてきているはず。そのことを認め,実現できるように支えることが,子どもの自信につながり,次の活動へのエネルギーとなる。活動を褒めることは,子どもの内面そのものを褒めることと同義である。私はいつもこう考えながら,子どもと一緒に生徒会活動を行っている。

小学校向き

モデルを示す
自分も相手も気持ちのよい表現
——アサーションのロールプレイ

矢野有茶

◆ねらい

　自分の本意ではないのに友達の言うまま行動したり，いけないことだとわかっていても注意できなかったりと，子どもたちも悩みながら微妙な友達関係を保っています。また，思うように感情のコントロールができず，心ない言葉を言ってしまう子どももいます。「わかってはいるけど，できない（言えない）」，そんな気持ちも受け止めて，誰もが（教師も）同じような気持ちを抱いていることを感じさせながら，いまの自分よりほんの少しでもよりよい自分になりたいと思えることをめざします。

　この授業では，アニメ「ドラえもん」のキャラクターの中で，最もアサーティブな表現のできる「しずかちゃん」をモデルにして，学習を進めます。

◆ 参考文献
園田雅代・中釜洋子・沢崎俊之編著『教師のためのアサーション』2002年，金子書房
園田雅代監修・編著，鈴木教夫・豊田英昭編著『イラスト版　子どものアサーション　自分の気持ちがきちんと言える38の話し方』2013年，合同出版

◆ここをしっかり！

いまの自分に気づかせることから

　「どういう表現方法でコミュニケーションをとっているのか」と聞かれても，案外すぐには答えられないのではないでしょうか。アサーションの学習では，相手だけでなく自分自身の思いも大事にした表現とは何かについてまず考えます。そこから，いまの自分に気づかせること。気づけば，よりよい自分をめざすスタートになると思います。

しずかちゃんをモデルに

　子どもたちは，アニメ「ドラえもん」が好きです。なんとなく，しずかちゃんの言動は好ましいと感じているのではないでしょうか。でも，「なぜ好ましいのか」を考えることはないだろうと思います。客観的に見て改めて考え，真似をすることでアサーティブな表現を体験することになるのです。またモデリングをすることで，方法を身につけるだけでなく，先に述べたようにいまの自分をメタ認知できるのです。さらに，友達の表現を見て聞くことで，新たに友達をモデルとしてまた発展的に考えていけるという良さがあります。

第Ⅲ部　人づくり

ここがちがう!!

子どもたちは、誰かの真似をしながらいろいろなことを学習していきます。子どもたちが真似をしたいと思う「誰か」は、実は誰でもいいわけではありません。身近な人でうまくいっている人、憧れの人や尊敬している人などです。ここでは、子どもたちにとって身近なアニメのキャラクターを取り上げているので、イメージできロールプレイしやすい構成になっています。

◆ 進め方

1 今日のねらいを伝える

「自分も相手も気持ちのよい表現を考える」

2 アサーションの考え方を学ぶ

「あなたは　どんなタイプですか？」

図参照：「I am OK.」「You are OK.」をめざす。

引用：『イラスト版　子どものアサーション』（P10, 11）

3 表現方法を学ぶ

「しずかちゃんになろう」参考：『教師のためのアサーション』（P134〜151）

① 「誰が言ったのでしょうか？」P136参照

攻撃的なものの言い方のジャイアン、言いなりののび太、相手のことを思いやりながらも自分の思いをしっかり表現できるしずかちゃんのうち、だれの言った言葉かあてさせる。

場面：

ジャイアン：「　　　　　」　のび太：「　　　　　」　しずかちゃん：「　　　　　」

▶ 教師もなりきって、それぞれの特徴を浮き彫りにする。しずかちゃんについては、これからめざすモデル像となるため、しっかり意識して行う。

② 「しずかちゃんの表現の特徴を知る」P137参照

ジャイアンやのび太との違いを考えながら、しずかちゃんの言い方の特徴を探り、モデルにする。

③ 「めざせ！　しずかちゃんの言い方」

日常生活で考えられる場面を設定し、ペアでしずかちゃん役と友達役に分かれてロールプレイをする。友達役の子どもが言われた感想を伝え、役割を変わる。

▶ 子どもたちがロールプレイを行う前に、めざすアサーティブな表現方法をモデルとして、みんなに示す。

▶ 即興でできない場合はワークシートに書いてから行う。

4 感想を書いて、数名が発表する

中学校向き

モデルを示す
教師のプチ感動でクラスを変える

野原正樹

◆ねらい

　よいところには見えやすいものもありますが，意識していないと見逃してしまうことのほうが多いです。どんな子どもにも必ずよいところがあります。そして何気ない行動や言動で，そのことを見せてくれているものです。そんな小さなよいところを見逃さずに感動する気持ち，それを私は密かに「プチ感動」と呼んでいます。この「プチ感動」をより多く感じ，周りの子どもにもモデルとして絶えず紹介していくことで，クラスや学年全体のスキルアップに繋げます。

◆ここをしっかり！

決め手は，感動する気持ち！

　小さなことでも，より多く感じてあげられることがカギになります。落ちそうになっている消しゴムをさりげなく直す行動や，他人を気遣う何気ないやさしい言葉がけ，他を思いやる表情やまなざしなど，相手にも気づかないようなことや，さらには，本人にもそれがよいことだと気づいていないことなど，プチ感動はあらゆる場面に潜んでいます。普段の学校生活はもとより，私生活においても気持ちを柔軟にし，多くを感動できる教師としての心を鍛えておきましょう。

モデリングに関するコツ

　こちらから子どもたちに何かを伝えるときに，どんなに細かく小さな事でもしっかりとした意味をもたせ，子どもたちへの想いを込めることが大切だと思います。その想いを感じ取り行動してくれたときに，どんなに小さな事でも感動するのだと思います。

　大切なのは，子どもたちをどれだけ見ているかではなく，「どれだけ愛しているか」だと思います。

伝える場面が大事！

　もちろん，題材のとおりモデルとしてクラス全体に示すことも大事ですが，より効果的な場面は，むしろ個々との会話や指導・助言の中にあります。そこでのやり取りも含めてクラスや学年全体に示すことでより効果を上げます。

第Ⅲ部　人づくり

> **ここがちがう!!**
>
> 「最近，クラスの子どもたちの言葉がきつくなったなぁ〜」と感じたとき，もしかしたら，教師自身が忙しさのあまりきつい口調で対応していたからかもしれません。よい悪いにかかわらず，子どもたちは教師の言動を見て同じような言動をすることがあります。教師自身がいろいろな場面で「プチ感動」する姿を子どもたちが見ることで，子どもたちもまた，自然と同じように「プチ感動」するようになっていくのでしょう。

◆ 進め方

1 指導・助言の場面で

　子どもは，失敗がつきもの，逆に失敗するからこそ次への成長に繋がる。失敗に対して個々に指導することが多々あるが，こうした場面で教師が感じたプチ感動を伝えることで，次への成長の効果をあげる。

- 失敗に対する事実確認と，事実とブレない指導・助言を行い，子どもに十分理解させ反省させる。場合によっては強い口調で指導する。

▶ 反省の色が見えたところで，その子どものプチ感動の場面を伝える。

　「この前のこの場面覚えてるかぁ。あのときこんな声かけしてたよなぁ。先生その言葉聞いてすごく感動したんだよ。あんなやさしい気持ちがあるキミが，こんなことしちゃダメだよな。キミなら必ずできる！　これからの行動に期待するぞ！」

▶ 失敗を悔いると同時に，先生は，ちゃんと自分を見てくれている。そんな気持ちにさせることができたらベストである。

2 何気ない会話の中で

　子どもと活動する中で，何気なく会話できる場面は多々ある。例えば，掃除活動中や給食準備中，行事の準備や部活動等の放課後の活動など。

▶ 子どもと一緒に作業する場面は，実は，個々の成長を促す最大のチャンスである。何気ない雑談の中で，教師がプチ感動した場面を伝え，個々の自信と成長に繋げる。

　先に述べた指導・助言のあと，何気ない会話の中で，その子どものその後のプチ感動の場面を伝え，「あのときの失敗を立派に成長に繋げたね！」などの会話をすると，喜びから同じ失敗を二度としなくなり，さらには自信にも繋げることができる。

3 こうしたやりとり，プチ感動できる教師の姿をモデルとして全体に示す

　「キミがこんなふうに成長してくれたことを全体に伝えたい！」該当の子どもの承諾を得て，クラスや学年全体に伝える。

▶ 名前を出すか，どこまで伝えるかはそのケースにもよるが，なるべく具体的なほうが全体に伝わりやすい。

　さまざまなモデルをこまめに示すことで，クラスに浸透させ，豊かな心の成長に繋げる。

小学校向き

学級担任力
子どもたちのルールづくり
―― 「したいこと」から「しなくてはならないこと」へ

梅原幸子

◆ねらい

　ある日のこと，「給食，好きな人で食べたいな」と，子どもたちからもちこまれました。一瞬，「何を言うの!?」と言いたくなりましたが，もしかしたらこれはチャンス!? 自分の要求を実現するために，どのような取組みをすべきかということを学ぶ機会にしたいと思いました。また，友達と一緒に考えたり，友達の意見を聞いて自分の気持ちを話したりすることができる，子ども同士の対話・討論の機会にもなると思いました。

　話し合いの結果，毎週金曜日の給食は好きな人同士で食べることになりました。次の週には誰と食べようかと考えたり，折り紙を折って一緒に食べる友達にプレゼントしようかと考えたり，それぞれの楽しみ方が生まれました。また，好きな者同士の給食のはずが，交わりのない子との関係づくりのきっかけにもなりました。子どもにとって好きな人というのは必ずしも固定ではなく，そのときそのときの交わりが発展していくことを感じました。

　子どもからの発議を受け止め，話し合い，子どもたちが自ら考えて行動することへと広げることは，楽しいクラスづくりの基本です。

◆ここをしっかり！

子どもの要求をていねいに聞く

　いまのグループではどうしてダメなのかということも含めて，好きな人同士で給食を食べたい理由をしっかり聞くことから始めます。このとき，発議した子どものみではなく，クラス全体の話し合いにするように，教師は意図的に話し合いを組み立てます。

どのようなことでも話していいんだよ，という雰囲気をつくる

　日常的によく話す子よりも，発言の少ない子に話させるように，ゆっくり話し合いを進めます（どの子の意見にも相づちを打ちながら聞きたいものです）。

ねらいとルールの確認

　子どもから出されたことを，「ねらい」と「ルール」に分けて整理します。不都合なことが出てきたら，後日，クラスに提起して話し合うことも確認しておきます。ルールは，教師が強制するのではなく，子どもが起こす「事実」から作るものです。

第Ⅲ部 人づくり

> **ここがちがう!!**
> 子どもたちが自ら考えて行動するためには、まず教師が子どもの発議を受け止めること。そして、話し合いの場を設定すること。こうした梅原先生の実践は、単なるスキルではなく、心の底から子どもたちの力を信じているからこそ、成し得る業なのです。話し合い中、軌道修正が必要なときは「ねらい」と「ルール」を分けて確認する。教師がやれることをすべてやり、信じて任せることで、子どもたちは自律していくのです。

◆ 進め方

❶ 提案理由を子どもから聞く

(教師)「好きな人同士で給食を食べたいと思った理由は？（おもに発議した子たちに）」
- いつもグループで食べるので、たまには変わった人と食べたい。
- 好きな人同士でグループを作ることがないので給食のときには好きな人と食べたい。

❷ 教師が問題提起して、全体で話し合う

(教師)「だれともなれない人が出たときはどうしますか（1人だけの人が出たらどうする）？」

(教師)「いまのグループでもおしゃべりして給食が時間内に終わらないときがあるでしょう。好きな人同士だともっともっとおしゃべりが増えて掃除の時間も休み時間もなくなってしまいませんか？」

▶ ねらい〈時間を守って、楽しい給食にしよう〉
▶ 毎日ではなく、週に1回だけ、金曜日に行うことを教師の方から話す。

❸ ルールを作る
- 1人だけの人をつくらない
- 給食の時間を守る
- やる日は金曜日

❹ もっと楽しくしよう（帰りの会や朝の会で子どもから出される）
- 人数を決めてグループをつくったほうがいいよ→7人は多すぎてグループで話す人が決まってくるよ→4人か5人までにしよう
- 1人静かに食べたいという人もいるので、それもよしにしよう（ルールの一部変更）
- いつも同じ人ではなく、違う人となるとたくさんの友達ができるよ
- 教室をきれいに飾って食べよう→折り紙で輪飾りを作って教室に飾る

子どもたちにとっては週1回のお楽しみの日となり、担任の想像以上に子どもたちは創造的な取組みをした。給食の時間を守るということが、その前後の仕事にも意欲的に取り組むことにつながり、教室文化を豊かにつくり上げていくのである。子どもの関心に「意味」を見出し、その関心に沿って活動が計画されると、子どもは力以上のものにも挑戦する。

103

中学校向き

学級担任力
学級通信で担任の信念を伝える

大﨑 大

◆ねらい

　目の前の子どもたちがいずれ社会に出たときに，周囲からかわいがられる存在であることを願って学級指導を行っています。社会で通用する力とは，素直な心と真面目な態度，自分の考えを正しく伝え，他の意見を柔軟に受け入れられる力ととらえ，日々の活動で大切にしています。そのためにさまざまな指導や思いを語る場面でもたくさんの言葉を使いますが，子どもは聞き逃す（聞き流す）場面も多くみられます。その言葉を文字として残し，１年間の指導の積み重ねや学級の道しるべとするために，学級通信を活用しています。

◆ここをしっかり！

定期的に出すことで，担任の思いや姿勢を伝える

　学級通信は毎週１回作成して配布します。それを最初に宣言します。どんなに忙しくても，どんなに体調が悪くても作成します。言い訳はしません。内容に困れば写真をたくさん使ったり，子どものコメントを載せたりします。とにかく決めたことはやり抜きます。１年を通して出し続けることで，「決めたことは最後まで守り抜く」という学級担任の強い思いや姿勢を，子どもと保護者に伝えるつもりで作成しています。

父親心・母親心・子ども心（厳しさ・やさしさ・楽しさ）

　ルールを守らせダメなことに対しては毅然とした態度で叱ることのできる「父親心」。辛いときに悩みを打ち明けて相談したくなるような包容力と優しさをもつ「母親心」。楽しいときには一緒に笑い，場を和ませるユーモアのある「子ども心」。その３つを学級担任が備えもつことで子どもとの繋がりが深まり，信頼し合える関係をつくりだすことができると思います。教師が心を開くことで子どもは心を開きます。学級通信でもこの３点を心がけます。

いちばん身近なキャリア教育

　大人って楽しい，教師って最高の仕事だと子どもに伝えます。休み時間には教師同士が廊下で楽しそうに話したり，笑い合ったりする姿を見せます。「先生たちは繋がっているんだ」と子どもたちが思い，授業とは違った教師（大人）の顔を見せられたらいいと思っています。

第Ⅲ部　人づくり

> **ここがちがう!!**
>
> 子どもにとっていちばん身近な大人は親です。二番目に身近な大人は教師です。故に，教師が自分の生き方，あり方を折にふれ語ることは，とても大切なことです。もちろん，何を語るかは教師自身に任されています。「自分の哲学は何か」「教育観や子ども観は」などなど，一度自分と向き合っておくといいでしょう。さらに，子どもたちにどんな人に育ってほしいかも明確にしておくと，ゴールをめざしてアプローチしやすくなることでしょう。

進め方

＜前提＞学級内の３つの約束

年度当初に学級の３つの約束（ルール）を伝える。①正義が通り，②何でも言い合え，③みんなで行事にチャレンジできること。学級通信を作成する際には，このルールを柱に内容をまとめる。

▶学級担任の信念となる柱（事実・感情・価値観）があることで，伝えたいことが明確になる。

1 １週間の出来事を書く

１週間のなかで起こったことを知らせる。授業中の様子，宿題の提出状況，掃除の取り組み方，道徳や総合的な学習の時間の内容といった事実だけでなく，学級担任がどう感じたか，そのことを通して何を考えたかといった価値観を伝える大切なチャンスとなる。またいま，起きている旬な話題についても自らの考えを述べる。

例）道徳や特別活動では子どもの感想とともに，教師自身の感想や中学生の時期に思っていたことも書く。思春期や反抗期のころ，いま思えば恥ずかしく思えるようなこと（親に対して，先生に対しての腹立たしさ等）を素直に書く。

▶教師自身が子どもに対して心を開くツールとして，学級通信を活用する。

2 できるだけ写真を撮る

活動の場面は写真に撮って残していく。文字だけでは読んでいても面白くないので，その様子をイメージしやすい活動の様子を写真に撮る。常にデジカメを携帯して，チャンスを逃さないようにする。

▶子どもの活き活きとした表情が撮れるように。

3 教室の壁に並べて掲示する

作成した学級通信はカラー印刷をして，教室の壁に並べて貼る。それが学級の１年間の歴史となり，取り組んできたことの証しとなる。参観日に来てくれた保護者の方，教科担当の先生，研修等で外部から来られる方もよく見てくれる。小学校の先生が参観されたときに，中学生としての成長過程に喜んでいただき，こちらも嬉しくなった。

小学校向き

声なき声を声にする
——学級通信で紙上討論

今本佳代子

◆ねらい

　人の発言や善意の行いに対して，「うわぁ，何言っちゃってんの？」「はぁ？　あんなことやって，もてたいんじゃないの？」などとネガティブな反応をする人がいると，それが少数であったとしても，だんだん学級の中から前向きなのびのびとした雰囲気が失われてしまうものです。そんな雰囲気を感じ始めたら，この実践を行います。子どもたちがほんとうは感じているのに，萎縮した雰囲気のなかで声に出しづらくなっている想いを集約し，学級通信で提示します。教師が滔々と言い聞かせたり褒めたりして子どもの気づきを促すよりも，子どもたち自身から発せられる声なき声を取り上げることで，「ほんとうはこうありたい」と願う子どもたちを励ましたり制御したりして，導いていくことをねらったものです。

◆ここをしっかり！

土壌づくり

　ネガティブな言動には，日ごろから教師が毅然とした態度で対応します。そして，そのような姿を学級内で見せておくことが大切です。構成的グループエンカウンターなどを定期的に行い，教師が学級づくりや人間関係づくりに本気で取り組んでいる姿勢を感じさせておくことで，子どもたちも日ごろ声に出せずにいる想いをアンケートに託しやすくなります。

一人一人の気づきとなるように

　紙上討論を通じて，声なき声をもっていた側が大多数だと気づくと，いままでのさばっていた少数派を排斥しようとする雰囲気が生まれやすくなります。しかし，彼らを追及するだけでは，批判的で攻撃的な雰囲気は学級からなくなりません。アンケートの前に，「特定の人を非難するために行うものではない」ことを，全体に確認しておく必要があります。

なるべく子どもの言葉そのままに

　極力書かれたままの表現で載せると，紙上に書かれたものが教師の言葉ではなく，自分たち自身の声の集積であるという実感がもてるようになります。

第Ⅲ部　人づくり

> **ここがちがう!!**
>
> 学級では一部の声の大きな子に学級の雰囲気が支配されてしまうことが多々ありますが，みんながそう思っているわけではありません。そこで，困ったときは「声なき声を声に」します。声に出して伝えることができない正統派は必ずいます。それを信じて紙上討論を仕掛けます。一見，みな同じ考えのように感じますがそうではありません。みんなの考えを読むだけでも，正邪の判断ができ，自然と学級の雰囲気が変わっていきます。

◆ 進め方

1 今日の活動のねらいを伝える

「最近，私はクラスの中で"カッコ悪い！"と言うことが多くなった気がする。じゃあ，みんなにとって，人として"カッコいいこと"ってどんなことだろう。人として"カッコ悪いこと"ってどんなことだろう。今日はこの２つについてじっくり考えて書いてほしい。私は全員に人としてカッコいい人になってほしいと思っています」。

▶なぜこの活動をやろうと思ったのか，その思いと意義を伝える。

2 アンケートを書く

Ａ４の紙を縦半分に区切って左右にそれぞれ「カッコいい人」「カッコ悪い人」とタイトルがついた紙を配り，一人一人が思っている「カッコいい人」「カッコ悪い人」について具体的に書く。

(例)【カッコいい人】
・みんなが嫌がるような仕事を一生懸命やる人。
・目立たないところでも頑張れる人。

【カッコ悪い人】
・人によって態度を変える人。
・人の揚げ足をとる人。
・友達の悪口を言う人。

3 学級通信を「カッコいい人，悪い人」というタイトルで発行する

「前回みんなに書いてもらったアンケートをまとめました。前にも言いましたが，このアンケートの目的は，全員に，人としてカッコいい人になってほしい，めざしてほしいというものです。人はなりたい自分になれるのです。そして，ここに書かれている，みんなの中にあるカッコいい姿が，もっともっと"カッコいいね！"と言われて，もっともっと活躍してくれたら嬉しいです」と伝えてから配る。

4 配られた学級通信を一人一人じっくりと読み，シェアリングする

感じたことや気づいたことを書いたあと，それを元に話し合う。

▶いろいろな人の考えにふれる。

中学校向き

動物エゴグラムで自己理解

谷本直子

🔶 ねらい

　中学2年生は思春期まっただ中。自己肯定感が下がり，自分のことが好きになれなかったり，自分に自信がなかったり……。そんな子どもたちと，交流分析という心理学の手法から生まれた「エゴグラム」を使って，自己理解に取り組みました。エゴグラムで示された5つの側面を動物にたとえて分類し，いまの自分の性格の特徴と行動パターンを知るものです。この活動によって，「僕（私）って，意外といいやつじゃん！」と自分を少しだけ好きになることができました。また，「こんな自分になりたい！」と，いまの自分から少し変わってみようとほんの少し努力するだけで，2回目，3回目の結果に変化があることも……。自信がもてるきっかけづくりにご活用ください。

◆ 参考文献
ニフティ株式会社（2009）「動物エゴグラム―エゴグラムでわかる性格の特徴と行動パターン」http//www.nifty.co.jp/csr/edu/eg/（2013年12月9日取得）

🔶 ここをしっかり！

過去と他人は変えられないが未来と自分は変えられる

　自分の過去を変えることはできないし，他人を自分の思いどおりにさせることもむずかしいものです。しかし，自分の気持ちひとつで自分の未来を変えることはできます。「私も変われる！」とその気にさせてあげましょう。

なりたい自分になるために

　動物エゴグラムでいまの自分を知ることで，目標や理想とする「なりたい自分」になるために，何が必要なのかを考えるきっかけを作ってあげましょう。

振り返りシートを必ず活用しよう！

　この活動を何度か実践しても，同じ結果になるとは限りません。また，「学校での自分」「家庭での自分」「部活動での自分」など場面によっても違ってきます。自分の変化に気づける振り返りシートを工夫しましょう。また，毎時間，全員分の感想を匿名で読み，プラスコメントを返してあげることで，子どもの自己肯定感をアップさせます。マイナスな内容が書かれている場合も，プラスに返し，自信につなげましょう。

第Ⅲ部 人づくり

ここがちがう!!

動物エゴグラムは，2004年，当時の法務省から「自立支援施設や少年鑑別所から学校に戻ってくる際，その子どもを受け入れる学級で，どのようなエクササイズをするといいでしょう。」と依頼されて作成したものです。テーマは「自分をみつめる」でした。自己肯定感が低く，人とかかわることは苦手でも，自分のことは知りたいものです。故に，たとえ人間関係が希薄でも，この動物エゴグラムは比較的取り組みやすい活動の一つです。

◆ 進め方

❶ 今日の活動のねらいを伝える

普段，自分に自信がなくて「自分はだめな人間だ」「何やっても無理」などと思っている人が多いこの時期。いまの自分をもう一度見直し，知ることで，少し自分を好きになったり，なりたい自分になるためのヒントを見つけよう。

❷ 動物エゴグラムをする

①自分のインスピレーションでテキパキと「はい」「いいえ」で答える。
②チェック1からチェック5のそれぞれの合計をグラフにして性格診断のスタート！
③グラフの中でいちばん高い項目と，いちばん低い項目に対応する動物のキャラクターを探す。項目間の点差があまりない場合は，点数の近い項目もチェックする。
④赤鉛筆などで色を変えて，なりたい自分のグラフを描く。

❸ 場面を変えて再度やってみる・行事の後に再度やってみる

時間があれば，「家庭での自分」や「部活動での自分」を想起して同様にやってみる。また，行事など体験した後にやってみることで，エゴグラムの変化に気づき，自ら変えることができることを実感できる。こうした体験が，なりたい自分に近づくための行動変容につながると考えられる。

❹ 友達とシェアリングする

班や仲よしとエゴグラムを見せ合いっこさせる。普段の友達そのままだったり，意外な側面が見えたりして，会話も弾む。

▶会話の弾まない班には，教師がかかわる。

例）全員がスーパーコアラだった場合「すごい！ この班は，優しくて世話好きの集団なんだね♪」

❺ 「感じたこと，気づいたこと」を振り返りシートに記入する

▶教師が匿名で必ず全員分のコメントを読み上げ，教師のプラスコメントを返す。

例）「新たな自分が発見できてよかったね！」「グレイトライオンの責任感の強さを，まだまだ内に秘めているのかもね！」

＊【発展】エゴグラムの典型パターンで自分の特徴を知る→P133参照

中学校向き

短所を長所に
——見方を変えるリフレーミング

坂本佳子

◆ねらい

　中学校3年生になると，入試に向けた面接練習等で，自分の短所や長所を見つめる機会が多くなります。このとき，多くの子どもが短所を克服し，長所を伸ばすことを考えますが，短所＝欠点ととらえる傾向が強いように思います。これは，自分の短所がきっかけで残念な結果になった経験が原因になっているようです。

　そのような子どもに，短所は自分の個性が悪い方向に表れたものであり，逆によい方向に表すと「長所」になることを知ってもらいたいと思います。そして，この「リフレーミング」をきっかけに，なにか行動する前に，自分の個性をよい方向に発揮しようと判断する意欲を身につけ，日ごろの生活に生かしてもらいたいと思います。

◆ 参考文献
國分康孝・國分久子総編集『構成的グループエンカウンター事典』図書文化

◆ここをしっかり！

見方を変えれば

　「ルビンの壺」の絵を黒板に掲示し，同じものでも人によって見え方が違うことを体験してもらいます。そして，見方を変えると違うものが見えてくることに気づいたところで，今日のねらいについて説明すると，リフレーミングの導入になります。

教師の自己開示で話しやすい雰囲気に

　子どもにとって，自分の短所を自己開示するのは勇気のいることです。まずは教師が自己開示のモデルとなり，子どもが自身の短所を自己開示しやすい雰囲気づくりに努めましょう。

アセスメントについて，安心して話すことのできる学級の雰囲気であるために

　アセスメントのうち，学級集団としての状態については，Q-Uでいうところの学級不満足群に多くの子どもが集中している状態では，安心して話すことのできる学級の雰囲気は期待できません。解決としては，このプログラムの前に，学級で学習規律を高めるプログラムを繰り返し用いることで，安心して話すことのできる雰囲気を高めることや，このプログラムをペアなど少数で用いることが有効であると考えます。

第Ⅲ部 人づくり

ここがちがう!!

よいところだけでなく悪いところも含め，そのままの自分を受け入れることを自己受容といいます。「自分ってそんなところあるよなぁ～」と，悪いところと正面から向き合いながら，友達からリフレーミングしてもらうことで，「度を越さないこと」の大切さや「プラスに転じる行動」を知ることができます。リフレーミングで大切なことは単なる言葉遊びにしないことです。ワークシートを活用しながら，未来をプラスにチェンジしましょう。

◆ 進め方

1 今日の活動のねらいを伝える

① 「高校入試の面接では『あなたの短所は何ですか』と聞かれたりします。『頑固なところ』や『心配性なところ』などそれぞれに思いつくことがあるでしょう。しかしその短所を克服してまったく違う自分になる必要はありません。短所のもととなっているのは個性です。個性は悪いほうに出れば『短所』ですが，よいほうに出れば『長所』になります。このように見方を変えることを『リフレーミング』といいます。この『リフレーミング』を身につけることで，いままで短所が招いていた残念な結果を，長所として出すことで未来をよい方向にチェンジすることができます。」と伝える。

② 教師自身のリフレーミングの例を，具体的なエピソードと共に伝える。

例）「私の『頑固』という短所に気づいたのは『友達と口論になった』ことからで，それは『友達の意見を聞かずに自分の意見を押し通した』行動が原因でした。その『短所』を『長所』にリフレーミングすると，『意志が強い』，『一貫性がある』，『信念がある』になるでしょう。この長所を生かすと，行動は『友達の意見を聞きながら自分の意見も聞いてもらう』と変わり，その結果『友達とよい関係で議論でき，口論にならずにすんだ。』と，未来をよい方向にチェンジできます」。

2 例を参考に，自分の短所やエピソードをワークシート（P134）に記入する

▶ 短所の例を示し，自分の短所やそれについてのエピソードを思い出しやすくする。

3 ペアになって，ほかのペアとワークシートを交換し，相談しながら話の続きを考える

▶ 活動に入る前に，「短所を伝えるのは自分も友達も不安ですね。安心できる雰囲気で話し合ってください。」と伝える。

▶ リフレーミングがむずかしい場合，「リフレーミング事典」等を参考に教師がアドバイスする。

▶ 指示的風土でない場合，教師はそれを許さない姿勢を示す。

4 自分のペアと，交換したペアの4人で，考えた話の続きを共有する

5 「感じたこと，気づいたこと」を振り返り用紙に記入する

▶ リフレーミングのよさ等，感じたこと，気づいたことを記入し，できれば共有する。

中学校向き

キャリア教育
自分の成長を踏まえて「なりたい自分」を確認する

小林　茜

◆ ねらい

　1年も半ばが過ぎ，学校生活に慣れてきたころというのは中だるみが気になります。そんな時期に，半年後の進級・進学を意識させ，年度当初に描いた「こんな自分になりたい」「こんなことができるようになりたい」という思いをいま一度確認することで，目的意識を高めます。「なりたい自分」に向かって，日々の成長を感じられることは，より具体的に人の本質にふれる"将来のかたち"や生き方を描くことにつながります。さらに，その思いを仲間と共有し，エールを送り合うことで，"違いはあっても，一人一人が自分と同じような気持ちをもっている"ということが感じられます。仲間を大切にできなくなってきている教室が，少しずつ優しさに包まれたらいいなという思いも込めて行いました。

◆ 参考文献
『あったかプログラム（小学校1年生～中学校3年生）』高知市教育委員会

◆ ここをしっかり！

教師の自己開示
　なりたい自分に"正解"はありません。さまざまな子どもに合わせた例とともに，教師自身のなりたい自分（例：あいさつができる，本を読む，時間を作れる，優しい，いつも笑っている，大切な人を大切にできるなど）を紹介すると，子どもも考えやすいでしょう。ここで教師が「将来パン屋になりたい」などの職業にふれると，子どもの思考が職業に流れてしまうので注意が必要です。ただし，「そう答えてもいいのか」と子どもが考えやすくなることもあります。

発表・聴き方・渡し方のコツを伝えておく
　班活動の前に，発表の言い回しや発表する順番のモデルを提示します。聴く側も，首を縦にふりながら聴くことや，発表が終わったら拍手するなどのモデルを提示すると，子どもは安心して活動できます。

時間を区切って指示
　発表時間を1分や30秒などと区切ることによって，発表に慣れていない子どもでも，比較的班の中で活動がしやすくなります。子どもの様子を見て時間を決めます。

第Ⅲ部　人づくり

> **ここがちがう!!**
> 日々の生活のなかで，自身の成長に気づくことはむずかしいものですが，過去の自分と比べることで，成長した自分を実感できます。また，「～ができるようになりたい」という，具体的行動レベルの目標設定は，何をどうすればいいか，行動を起こしやすくなります。大きな行事も終わり，なんとなくダラダラと日々を過ごすのではなく，このような活動を通して，未来の自分のためにいまできることを考えるきっかけになるといいですね。

◆ 進め方

1 今日の活動のねらいを伝える

「中学校に入って数ヶ月たつが，小学校のときと比べて何か変わったことはないか。できるようになったこと，できなくなったことがあるのではないか。いま一度立ち止まって考えて，○年生としての残りの時間を，先輩（高校生）になる準備期間としてどのように過ごすかを考えたいと思う」ということを伝える。

2 小学校のころ（昨年）と比べてできるようになったことを書く

①「私の成長」をワークシートⅠ（P135）に記入する。
②班になり，順番に発表し，聴いたことを自分のワークシートⅠの「友達の成長」へ記入する。
　▶発表がむずかしい場合は，シートの見せ合い，シート回しで共有させる。

3 なりたい自分を書く

「私の成長」を踏まえて，なりたい自分を具体的にワークシートⅡ（P136）へ記入する。
　▶書けない子どもには無理に書かせずに，"書けない自分に気づく"ことを大切にする。

4 班員に言葉のプレゼント（エール）を贈る

①班で順番に発表し，その発表に対してのエール・言葉のプレゼントをカードへ書く。
②順番にカードを班員に渡す。渡されたカードをワークシートⅡへ貼る。
　▶渡し方やもらい方を示す。
　・「笑顔で渡そうね」・「言葉にして両手で渡そうね」・「もらったらありがとうを言おう」・「恥ずかしかったらそっと渡してもいいんだよ」など。
　・言葉のプレゼントはカード状にカットし，もらってすぐにワークシートに貼り付けられるように裏に両面テープをつけておく（のりを使うよりスムーズにできる）。

5 「感じたこと，気づいたこと」を振り返りシートに記入する

振り返りシートを教師が集め，名前を伏せてすべて読み上げ，それに対しての肯定的な短いコメントを添えて終わる。ほかの生徒がどのように感じていたかがわかる。すべての子どもの文を読み上げることで，「自分はここにいてもいい存在である」という気持ちが生まれてくる。

中学校向き

キャリア教育
いろいろな人が住むマンション

建沼友子

◆ねらい

　「職場体験学習」について学び始める時期に，職業への関心を高めながら，グループ内の交流も深めることができる活動です。活動を進めるためには，一人一人のもつ情報が重要で，それをグループ内でやりとりすることが必要不可欠となることから，自然とメンバー内での交流が進むようになります。終わった後，子どもたちは「楽しかった」という感想を口にしますが，それはこの活動のゲーム性によるものだけでなく，実は自分たちが協力して取り組んだから「グループ活動って楽しい」と感じられたことを，教師は伝えることができます。

　グループ活動を通じて，友達のさまざまな考え方や生き方（あり方）にふれ，そのなかで自分の考えを伝えたり役割を果たしたりするなかで，学級の仲間の力を借りながら自身の自律の力を高めていくことができます。

◆ 参考文献
「いろいろな人が住むマンション」『あったかプログラム』高知市教育委員会

◆ここをしっかり！

子どもの声を拾う

　グループで活動しているときに発せられる言葉をよく聞き，「これは！」と思うような言葉は全体に知らせます。十分に交流がなされていないグループのモデルになります。

振り返りシートを読む

　活動後は「グループ内で，メンバーがどんな役割を果たしたのか」というところを発表し合います。自分ががんばったところをほかのメンバーが見てくれて，自分の名前をあげてくれると，「この班でよかった。この活動は楽しい」という気持ちになり，グループ内の交流が深まっていきます。また，「職業に関して知ったことや気づいたこと」についても読み上げます。知らないことがたくさんあるので，全体で確認して，その後の進路学習にもつなげていけます。ワークシートを集めて，今日の気づきや感じたことを教師が全体に読んでシェアしてあげるといいですね。自分の書いたことが読まれることでうれしさを感じ，また仲間の言葉を聞くことで，別の見方・感じ方を知ることになります。

第Ⅲ部　人づくり

> **ここがちがう!!**
> 職場体験では，仕事の内容のみならずどのような思いでこの職に就いたのかなど，その人の人生観にふれることもできます。この活動では，与えられた情報のほか，メンバーの情報や職業観を聞くことができます。いままで自分が描いていた職業に対するイメージの修正拡大がなされることをめざします。教師も人生の先輩として，自身の職業観やその前提となる人生観について語るチャンスでもあります。

◆ 進め方

1 今日の活動のねらいと内容を伝える

①「グループ内で交流すること」「一人一人が協力すること」「職業に興味・関心をもつこと」という3つのねらいを板書する。

②情報カードからマンションに住んでいる人の部屋が何階で，職業は何かを当てる謎解きゲームをする（P137～139参照）。

③活動の手順とルールを説明する。

2 活動を開始する

・（活動中の子どもの動きや発言を見守る。）

　・手元のカードを見ながら行き詰まっているグループに，「いま○班が，『○○さんについての情報もっている人もう一回言って。』と言っていたよ。」「『さっきの○○さんのカードもう一回読んで。』こんなふうに聞き返したり，情報をまとめたりしていくといいね。」

　・「○○くん，やるね！　すごい！」など班内の褒め言葉が聞こえたら，「すごいね，いま○班の○○くんがすごいいい仕事（いいアイディアを出した）したらしいよ。それを周りがすごいって気づいているよ。」

　・「おれらぁの班すごいで。」に対して，「えいねー自分たちの班をすごいってほめれるって。みんなが協力できたんやね。」

　・「『○○についての情報をもっている人はいない？』という声が出ていたよ。そういう言葉があると話がすすみやすいね。」

　・「○班は『私が書くから，○○君，進めて』と分担ができているよ。」

　・「ほかの人が持っているカードが見たいね。でも自分の知りたい情報を持っていないか，メンバーに聞いてみよう。班で話すことが大切なんだよ。」

3 感想を話し合う

・振り返りシート（P140）に記入し，シートの3と5についてグループ内で発表し合う。

　▶ 全員のシートを集めて，「今日の学習で気づいたことや感じたこと」を読み上げる（この活動を自分以外の人がどう感じたのかを知ることが大事）。

小学校向き

養護教諭のかかわり
保健室登校の子どもとの「いいこと日記」

中尾瑞香

<開始した当初>

<3か月後>

◆ ねらい

　保健室登校の子どもと養護教諭は、保健室にいるその時間を2人で過ごすことができます。その貴重な時間を、ただ学習を進める、ただ話すだけで過ごすのではもったいないと思いました。

　そこで、1か月くらい経ったころから、自己肯定感を育てること、心のエネルギーを貯めることをねらいとして、「いいこと日記」を2人で始めました。その日、「いいこと」だと思えたことを互いに書き、そのことについて話したり笑ったりする時間を、毎日繰り返していきました。

　やがて保健室にいる時間は短くなっていきましたが、「いいこと日記」のやりとりだけは卒業まで続きました。最後は教師以上に多くの「いいこと」を見つけられる力、思いを表現できる力をつけて、中学校へと巣立っていきました。

◆ 参考文献
マーシー・シャイモフ著，茂木健一郎訳『「脳にいいこと」だけをやりなさい！』2009年1月10日，第13刷，三笠書房

◆ ここをしっかり！

「いいこと日記」のルールづくり

　ルールは子どもとつくります。1日何個書くか，どのように取り組むのかなどの条件を，最初のページに書いておきます。最初は少しがんばればできそうなルールにしておき，子どもの様子を見て，少しずつルールを足していきます。

教師は小さな「いいこと」を書く

　大きな「いいこと」を書くのではなく，ささいな幸せ，感謝すべき当たり前のこと，クスッと笑ってしまうようなことなど，こうした小さな出来事を書くようにします。どんなことを書いていいかわからない子どもにとって，こういったことを見つけるのだというモデルとなります。そうすることで，初めは5つ書くことがせいいっぱいだった子どもも，だんだんスラスラと進んで書くことができるようになります。

> **ここがちがう!!**
>
> 保健室登校の子どもに限らず、エネルギーダウンしているときは誰にでもあります。そんなときは脳が何か「いやなことに囚われている」のです。囚われるという漢字は窮屈そうですよね。囚われるとは、感情や考えがあるものに拘束されて自由な発想が妨げられることです。「いいこと日記」を書くことで、いままで見えなかった「いいことに目が向き」はじめ、囚われから少しずつ解放され、心のエネルギーが満たされていくのでしょう。

◆ 進め方

1「いいこと日記」に取り組むことを伝える

2 好きなノートを選んでもらう

　やる気が出るように、いくつかノートを準備しておき、その中から選ばせる。

3 ルールづくりをする

　例）1日5個以上書く。学校にいるうちならいつでもOK。

4 置き場所を決める

　いつでも2人が取り出せるような所に置くことを決めておく。

5 毎日「いいこと」を書き込む

1ページを縦半分に分けて、左側が子ども用、右側が養護教諭用とする。

＜養護教諭が書くときに、盛り込んだ内容＞

①保健室登校の状態にある子ども自身のことを入れる。

　例）「○○さんが、進んで手当ての手伝いをしてくれた。」
　　　「○○さんの元気な顔を今日も見ることができた。」

　▶自己肯定感を育むため。

②その子どもにとって必要だと考えられることを入れる。

　例）「○○さんが笑顔であいさつしてくれてうれしかった。」→人と接することの喜び
　　　「〜の仕事があと少しで終わる！」→がんばったことでの達成感
　　　「朝早起きしてゆっくりした時間を楽しむことができた。」→早起きすることの充実感

　▶その行動の価値を知るきっかけにするため。

③ちょっとした失敗談を入れる。

　例）「パソコンで変換ミスの仕方が笑えた。」
　　　「机にぶつけてあざになったけど、見ていたみんなが心配してくれた。」

　▶失敗を笑い飛ばす力をつけるため。

6 いいことを書き込んだ後には、そのことについて話をする時間をつくる

　子どもが書いた内容に、話を聞きながら価値づけをしていく。

中学校向き

養護教諭のかかわり
解決のヒントは子ども自身の中にある！

塩畑伸恵

◆ ねらい

　友人関係がうまくいかず，どうしたらいいかわからず，元気をなくした子どもが保健室に来たとき，教師としては何とかしてあげたいと思うものです。でも，「もう，どうしようもできない」と思っている子どもが自信を回復するには，実は自分で問題を解決するのがいちばんなのです。そこで，「解決のヒントは自分の中にある」ことを子ども自身に発見させながら，自信を回復できるようにかかわります。子どもの話をじっくり聞き，「トラブルは自分が大きく成長するチャンス！」と励ましながら，「あなたはどうしたいのか？」「どのように解決していきたいのか？」を一緒に考え，解決するための作戦を練っていきます。

◆ 参考文献

黒沢幸子『スクールカウンセリングワークブック』金子書房，黒沢幸子『タイムマシン心理療法』日本評論社，河村茂雄編『教室復帰エクササイズ』図書文化

◆ ここをしっかり！

話を聞く

　子どもが相談に来たとき，教師は状況を知るために，トラブルが起きた原因に注目しがちですが，ここでは子どもの話を聞くことに徹します。

解決法をアドバイスするのではなく，子どもにイメージさせる

　状況がわかってきたら，次のステップは，できるかぎり2人きりで，落ち着いた雰囲気のなかで話ができるよう演出をします。①トラブルのなかで，子どもがいちばん困っていることは何か，②その困っていることをどうしたいのか，③どうしたら自分は安心できるのかということを，ビデオを見るような感じで子どもが具体的にイメージできるよう細かく聞いていきます。1回ではイメージできないこともあるので，子どもの様子を見ながら，数回行うこともあります。

イメージさせる手助け

　ミラクルクエスチョン四コマ漫画を使います。また，「準備がいるから，明日の放課後，もう1回来て！」と，本人が解決像を考える・イメージするための演出をします。

第Ⅲ部　人づくり

ここがちがう!!

解決の方法を知っていることに本人が気づいていないだけです。気づくためのはたらきかけは「なるほどねぇ〜」（受容），「で，どうする？」（質問）です。あとは，「解決のヒントは自分の中にある」ので，子どもの力を信じ，話をじっくり聴きながら，機が熟すときを待つことです。慌てたり，せかしたりするのは禁物です。教師はひたすら，子どもが自然と四コマ漫画に取り組み，解決像をイメージできる環境を整えることに徹します。

進め方

1 四コマ漫画を使って，トラブルをどう解決するか考えていくことを伝える

2 四コマ漫画を描いていく

１コマ目には，いま困っていることの絵を子どもが描く。（絵が苦手だったら状況を文字で書くのでもOK）

２コマ目には，子どもが寝ていると○○が現れ（○○は天使，魔法使い，妖精なんでもOK），トラブルがすべて解決する魔法をかけてくれた絵を教師が描く。

３コマ目には，トラブルが解決して目覚めた朝，自分がどんな朝を迎えるかを子どもが絵（または文字）で描く。

例）お母さんがやさしく起こしてくれる，気分がすっきりすぐ目覚めるなど。

４コマ目には，トラブルが解決してその日はどんな状態かを，子どもが絵（または文字）で描く。

▶本人が考える解決像をできるだけ詳しく聞き，描かせる。

3 解決像をしっかり子どもにもたせる

解決像をしっかりもつことで，本人自身に解決法を見つけさせるのがねらい。

4 絵が苦手だったら，コマ漫画に限らず，２コマ目の「もしトラブルが解決したらどうする？」と質問して，話をしていくだけでもOK

▶中学生は大人から正論を言われると反発するむずかしい時期でもある。しかし，自分で解決できると教師が信じて見守っていると，自分をよく見つめ，こちらの予想を覆すような解決像をみつけて，トラブルを解決していってくれる。

＊事例：不登校の女子生徒→P141参照

小学校向き

幼保小連携のひと工夫
就学時健康診断と体験入学での観察

杉本一幸

受付時につける名札
（むらさき色のウサギ）

◆ねらい

　小学校へ入学後，学校生活に馴染めず，教室内で落ち着かなかったり登校しぶりが見られたりするなど，いわゆる「小1プロブレム」が話題になることは決して少なくありません。できるだけ早い時期から，子どもの様子を知っておけると，送り出す方も受け入れる方も安心できると思います。また，そのような関係が築かれていることは，保護者や子どもたちの安心にも繋がります。

　本校では，1年生がスムーズな小学校生活を送ることができるように，「就学時健康診断」や「1日体験入学」を利用して，子どもたちの行動観察を行っています。そこで子どもたちを実際に見て気づいたことや感じたことをもとに，入学予定の子どもに関する聞き取りを関係幼稚園・保育園と行います。また，5月下旬には，入学後の子どもたちの様子についての情報交換も幼稚園・保育園と行っています。

◆ここをしっかり！

観察する視点を明確に，でもさりげなく

　観察のときは，子どもたちに緊張感を与えないように，笑顔でさりげなくしっかり様子を見ましょう。必要に応じて，さりげなく支援も行います。事前の打ち合わせ会では，関係者で観察するうえでの注意事項の確認をします。

管理職も積極的に参加

　教員だけに任せるのではなく，管理職も可能なかぎり参加し，子どもの顔と名前を覚えましょう。

情報を整理して

　とにかく子どもが安心してスタートを切ることが大切です。

　新しい環境に強い抵抗を示す可能性のある子どもやその保護者には，要望にこたえる形で，入学式前に担任との面談や入学式会場の見学などを行います。また，4月中の職員会議では，気になる子どもたちを中心に，入学後の様子を全教職員で共有します。そのときには子どもの顔写真をテレビモニターに映し出し，子どもをイメージしながら実態を共有します。

> **ここがちがう!!**
>
> 小学校に入学するということは，大きく環境が変わるということです。子どもは失敗を繰り返しながら成長するものですが，必要のない失敗は大人たちが最大限の配慮をして，避けなくてはなりません。事前の観察では何を観察するのか，具体的な視点を明確にし，職員全員がその情報を共有することが大切です。事前に一人一人の名前を覚え，来校した際には，「○○さん，おはようございます。」とあいさつすると子どももホッとします。

◆ 進め方

1 就学時健康診断（11月に実施）

検診に携わる教職員が記録用紙を持ち，各担当場所において行動観察を行う。

・集団テスト会場では，テスターの全体指示が理解できるか，黙って話を聞くことができるか，利き手はどちらか，階段の昇降では左右の足が交互にスムーズに出ているかなども見る。また，健康診断の会場では，衣服の着脱の様子も観察する。

2 1日体験入学（2月に実施）

子どもたちには2度目の小学校。11月の就学時健康診断から2ヵ月半。どれくらい成長しているだろうか。前回の記録と座席表を基に作った見取り表（P142）にその日の様子を記録していく。

①体験授業

・色分けされたチューリップ・星・車・ロケットなどの名札を受け取り，体験授業の教室では机の上に貼っている自分の名札と同じマーク（同じ色）を見つけ着席する。

・体験授業の指導者（1年担任）は提示用の画用紙を見せながら「右端に自分の名前が書ける人は書いてください」と指示する。

・「机の中にあるパステルクレヨンを出して，先生の絵を頭から足の先まで描いてください」と指示する。

観察者は話の聞き方はどうなのか，鉛筆やパステルクレヨンの使い方はどうなのか，人物画はどこから描き始めるのか，全体の大きさやバランスはどうなのかなどを見る。

②1年生との交流

体験授業のあと，1年生との交流の時間である。1年生が考えたゲームをしたり一緒に歌を歌ったりしてすごす。このときにもルールの理解や身体の動き，集団への馴染み方などを観察する。

③参加したことをもとに情報の共有

授業者・観察者・受付担当・誘導担当など，1日入学に携わった者で，終了後なるだけ早い時期に情報を共有する。

小・中学校向き

小中連携のひと工夫
入学前の黄金の3日間
——体験入学

佐土原　誠

◆ねらい

　中学校生活をより充実したものにするために，小学校6年生が中学校に3日間連続で体験登校する機会をつくり，小中連携を核とした多様な体験的な取組みを展開します。実際に中学校に登校し，中学生と交流したり中学校教師の授業を受けることで，この時期の小学校6年生が抱えている中学校生活に対する不安や悩みを軽減できます。また，入学前から中学校生活をイメージできることで，質の高い生活習慣や学習習慣が確立できます。

◆ここをしっかり！

まずはお互いを知る（交流）ことから

　小中合同（中学校区の小学校2校＋中学校1校）の研修会等を通して，互いの短所や長所，子どもたちの課題や特徴を共有し，9年間を見据えた特色ある取組みについて協議することからスタートします。回を重ねることで，内容も意見もアイディアの質も高まります。6年生にとって，3日間の体験登校が有効であることを確認し，特に効果的な時期や日程をできるだけ早い段階で調整します。

人間関係・生徒指導上の課題解決に向けて

　体験登校は，いわゆる中1ギャップ，不登校，いじめの未然防止に有効です。事前に6年生のニーズも調査し，中学校でできる内容，特に楽しみながら学べる内容を準備します。
　例1）理科の実験から考察させる授業がうまくいかない。→ 中学校の理科教諭による，より専門的な授業を実施。
　例2）運動の2極化が課題→ 中学校の保健体育科教師が楽しみながら運動量の豊富な授業を提供するなど。

無理せずにできる内容と地域人材の活用

　3日間の体験登校をイベントに終わらせるのではなく，日常的に学校で実践していることを活用できる機会として位置づけ，子どもたちがあいさつや授業態度，人間関係づくりなどを実践する場とします。また，地域の人材（高等学校や企業の出前授業など）を活用した授業や体験活動も取り入れることで，プログラムを無理なく組むことができます。6年生が「体験登校してよかった」と感じられるような学びのプログラムを準備します。

第Ⅲ部 人づくり

> **ここがちがう!!**
> 中1ギャップの原因は環境の変化です。人的環境としては，中学校の先生，新しい友達，部活の先輩など，学習環境としては，教科担任制，50分授業などがあります。1日体験入学を実施している中学校はありますが，これを3日間にしたところに意味があります。また，小中連携のコツは，小学校，中学校，地域（中学校区）など，考えられるすべてのリソース（資源）を活用することです。使えるものは何でも使いましょう。

◆ 進め方

1 体験登校の実施時期と3日間のプログラム（P143・144）を小学校と協議して決定する

小学校6年生のニーズを確認し，3日間の体験登校のプログラムを決定する。

2 計画したプログラムで「黄金の3日間」を実施する

この3日間は，6年生担任も6年生も登校から下校まで中学校の時程で生活する。

【平成26年度1月のプログラムの内容例】
- A小学校・B小学校の6年生が野尻中学校に登校する。
- 中学校教諭が6年生に授業を行う（算数，外国語，保健体育，理科など）。
- 文部科学省後援事業「子どもゆめ基金助成活動『幸せの種まきキャンペーン』貧困と共に生きる子どもたち」-SYD出前授業を実施する。
- 地元アナウンサーによる「話し方教室」を実施する。
- 地域の人材（社会人）を活用した「自分と夢」と題してのキャリア教育を実施する。
- 6年生保護者を対象とした授業参観，入学説明会を実施する。
- 地域包括支援センター職員による「認知症サポート講習会」を実施する。
- 野菜ソムリエや食生活アドバイザーによる技術・家庭科の授業を実施する。
- 女優「柴田美保子」さんによる古事記の授業を実施する。
- 副市長による教育講演会を実施する。
- 地域の人材を活用した講演，「命を大切にする講演会」を実施する。
- 中学校教諭が小学生に授業をする間，中学生には地域にある高等学校説明会を実施する。
- 中学生に地域のライオンズクラブによる「面接指導」を実施する。
- 中学生に地域にある高等学校の出前授業を実施する。

◆ 期待される効果等

①中学校の授業や時程に慣れ，教科担任制や生徒会・部活動の仕組みを理解できる。
②意図的，効果的に小学校6年生と中学生との異学年交流授業等を計画することで中1ギャップの解消を図ることができる（先輩と後輩の人間関係づくり）。
③中学校の先生を知り，授業のスピード等を実際に感じることができる。

小・中学校向き

小中一貫校のひと工夫
異年齢の集団でのアサーショントレーニング

橋村宏美

◆ねらい

　小中一貫校のよさの一つに，「めざすべき姿（モデル）がいつも身近に見えること」があります。小学生にとっては，先輩のようになりたい，中学生にとっては，小学生のよきお手本でありたい，そのような相互作用を大切にしています。

　本校は小規模校のため，現在在籍している子どもたちは，小1・小6・中3の3学年です。この3学年をペア学年として，学期初めのPA的活動（ビーイング）や週1回の昼休みの長縄跳びなどを通して，1学期から仲間づくりの取組みを進めています。中3が中心になって活動をリードし，楽しい時間を過ごしています。

※本校で行っているPA的活動（ビーイング）として，模造紙に一人一人が手形を取り，その中に目標を書き込んで共有し，全体の目標も考え合うということをしています。

　また2学期には，ペア学年として中3がサポートしながら，6年生をリーダーとして育てるという授業を行いました。題材は，「アサーショントレーニング」の「3つの話し方」。コミュニケーションや人間関係に問題を抱えている子どもが増えているなか，自分も相手も大切にする気持ちをもちながら，きちんと自己主張できる子どもを育てることをねらいとしています。また，これができるようになることで，リーダー的な存在が自然と現れるのではないかと考えました。

◆ここをしっかり！

それぞれのねらいを明確に

　アサーショントレーニングの大きなめあてと合わせて，異学年交流における，各学年に応じたねらいを明確にします。

異学年と安心して交流できるために

　上級生の下級生へのかかわり方をよく観察し，その言動について具体的に肯定的評価を入れるようにします。それが，下級生の活動へも波及し，よい人間関係づくりができます。

複数での指導の利点を生かす

　3つの話し方のロールプレイのモデルを，3人の教師で役割分担して見せることができます。また，全体指導（T1），補助（T2，T3）と，3人の役割を明確にして動きます。

> **ここがちがう!!**
>
> 異年齢集団だからこその学びとは,下級生が上級生をモデルにすること,上級生は下級生のモデルになるよう努力することにあります。活動中,集中できずに遊んでしまう下級生に対しても,教師とは一味違ったお兄さん(お姉さん)らしい上級生の注意の仕方があります。また,異年齢集団では,上級生がリーダーにならざるを得ない状況のため,同学年の中ではリーダーになりにくい上級生も,リーダーを体験するチャンスになります。

◆ 進め方

1 1時間目

①四人班を編成し,「質問じゃんけん」「絵合わせ」など仲間作りのゲームを行う。

班編成(中3が1人,小6が2〜3人,小1が0〜1人の四人班)は,教師側が活動ごとに決めておく。

②アサーション「3つの話し方」について,教師のロールプレイを見て考え合う。

・攻撃的型のコウ君,受身型のウーちゃん,自己主張型のジジさん

2 2時間目(本時)

①3つの話し方について,前時の活動を思い出す。

②今日の活動のめあてを確認する。

全体のめあて:気持ちのよい話し方について考えよう。

小中一貫校だからこそできる異学年での班活動における各学年のめあてが大切である。発達段階によって話し方にも違いがあることに気づき,上級生をモデルにした学び合いが生まれる。

小1:上級生との交流を楽しむことができる。

小6:中学校3年生にサポートしてもらいながら,リーダーとしてのよりよいかかわり方を知ることができる。

中3:がんばっている小学生を認め,そのがんばりをうまく伝え,意欲を引き出す。

③ロールプレイを通してアサーションを体験する。

【場面設定は,身近な場面で】

どの学年の子もイメージしやすいように,学校生活で起こりがちな場面を選びます。

例)廊下を歩いていると,友達が持っていたプリントを落としてしまいました。それを見たあなたは,何と言いますか。

例)問題プリントをしていると,横から友達が「答えを見せて」と言ってきました。そのときあなたは,何と言いますか。

④班ごとに,与えられた場面での3つの話し方を考え,特徴がわかるように,セリフを考えさせる。

▶具体的にセリフを考えさせ，ワークシートに書かせておく。
⑤班で3つの話し方を全員が体験できるように交代し合って，役割分担（攻撃的型，受身型，自己主張型，相手の友達役）させる。
　　▶3つの話し方を交代で体験させることで，どの話し方が受け手にとって気持ちがよいか実感させることができる。
　　▶ロールプレイをする際は，読み合うだけでなく，それぞれの特徴がよくわかるように，できるだけ表情，動きを入れて演じるように声をかける。
⑥発表し合う。
　　▶どの話し方が気持ちのいい話し方か考えながら見させる。
⑦活動を振り返り，気づいたことや思ったことを発表する。
　　小1：劇をするのが楽しかった。
　　小6：グループのリーダーだったので，緊張したけど，協力してできてよかった。
　　　　　困ったときに，中3が教えてくれてうれしかった。
　　中3：言い方を考えないと相手が傷つくことがあるので気をつけたいと思った。
　　　　　1年生も楽しそうだったし，6年生も上手に進めていた。

面談希望用紙

年　　　組（　　）名前 _____

1. 話したい相手の先生を3人まで答えてください。ただし，順位をつけることはできません。（○で囲む）

    * 話し相手が誰でもよい場合は記入しないでください。（○をつけない）
    * 一人の先生が受け持てる人数が決まっています。場合によっては抽選となり，希望に添えないこともあるかもしれません。抽選は担当の先生が責任を持って行います。
    * 苦手だなと思う先生にもチャレンジしてみるつもりで希望を書いてみてください。なるべく，担任の先生や部活の顧問でない先生を選んでください。

○○先生	○○先生	○○先生	○○先生	○○先生
○○先生	○○先生	○○先生	○○先生	○○先生

2. 話してみたいことを答えてください。
    * 自分の良いところや，いま頑張っていることなど自由に。

3. 何か気になっていることがあれば書いてください。

ふり返りのアンケート用紙

（1）自分のことについていろいろ考え話す準備をしていたときの気持ちを思い出し，
　　①～⑨の番号に○をつけてください。（複数回答OK）

　　① 自分の良い点や好きなことをたくさん見つけた　　② すぐに話す内容がたくさん浮かんだ
　　③ 準備に時間がかかった　　　　　　　　　　　　　④ 話すのがむずかしいと感じた
　　⑤ 話したいことがなかなか見つからなかった　　　　⑥ 上手に話せるだろうかと心配だった
　　⑦ 何とかなるだろうと気楽だった　　　　　　　　　⑧ 約束の時間が楽しみだった
　　⑨ 友達はどんなことを話すのか？　と気になった

（2）話しているときの気持ちを思い出し①～⑳の番号に○をつけてください。
　　　　　　　　　　　　　　　　　　　　　　　　　　　　　　　　　　（複数回答OK）

　　① 楽しかった　　　　　② 嬉しかった　　　　　③ 緊張した
　　④ 興奮した　　　　　　⑤ どきどきした　　　　⑥ あがってしまった
　　⑦ 思い通りに話ができた　⑧ 気持ちが良かった　　⑨ 恥ずかしかった
　　⑩ あせってしまった　　⑪ むずかしかった　　　⑫ 少し息苦しかった
　　⑬ 落ち着いて話した　　⑭ 静かな気持ちで話した　⑮ 普段の通りでいられた
　　⑯ 力が入ってしまった　⑰ 気楽な気持ちだった　　⑱ 元気が足りなかった
　　⑲ 時間が気になった　　⑳ 時間が足りなかった

（3）終わった後の気持ちをふり返って，①～⑨の番号に○をつけてください。
　　　　　　　　　　　　　　　　　　　　　　　　　　　　　　　　　　（複数回答OK）

　　① 十分に話ができた　　　② 時間が足りなかった　　　③ もっと話したかった
　　④ もう一度話がしたい　　⑤ 明るい気持ちになった
　　⑥ 自分について新しい発見があった　　　⑦ 先生について新しい発見があった
　　⑧ 自分のことがわかってもらえた　　　　⑨ よく聞いてもらえた

（4）ここには，この体験について意見や感想を自由に書いてください。
　　　また，先生に伝えたいことや希望することがあったら書いてください。

　　年　　組（　　）名前　　　　　　　　　　　　話をした先生　　　　　　　先生

6年1組　学級力アンケート

　　　　　　　　　　　　　　　　　　　　　　　　　月　　　日　実施

　　　　　　　　　　　　　　　　　　名前（　　　　　　　　　　　　）

○　それぞれの質問の1～4の数字に○をつけましょう。
○　□□□にはその数字を選んだ理由を書きましょう。　　　　4　3　2　1

4：とてもあてはまる　　　3：まああてはまる
2：あまりあてはまらない　　1：まったくあてはまらない

〔スマイル力〕
○　いごこちがよく，笑顔があふれる楽しい学級だ。　　　　　4　3　2　1

〔チームワーク力〕
○　みんなで学び合ったり，助け合ったり，協力しあえる学級だ。　4　3　2　1

〔チャレンジ力〕
○　目標に向かって挑戦している学級だ。　　　　　　　　　　4　3　2　1

〔ボランティア力〕
○　進んでボランティア活動をしている学級だ。　　　　　　　4　3　2　1

〔リーダーシップ力〕
○　最高学年として□□小学校を引っ張り，下級生の手本となっている学級だ。

　　　　　　　　　　　　　　　　　　　　　　　　　　　　　4　3　2　1

〔ルール・マナー力〕
○　学習や生活の規則を守ってみんなが気持ちよく過ごせる学級だ。　4　3　2　1

タイミング

　　　　　　　かしき まゆみ

『おはよう』のタイミング
のがすと 一日 言えなくなる
だから 明日は 朝一番
大きな声で "おはよう"

『ありがとう』のタイミング
のがすと ずっと 言えなくなる
だから 今日は 感謝の気持ち
恥ずかしがらずに "ありがとう"

『ごめんね』のタイミング
のがすと とても 言いにくい
だから 次から 勇気を持って
心の底から "ごめんね"

『好き』のタイミング
のがすと とりかえしが つかなくなる
だから…

『甘い』のタイミング

ふり返りシート

名前（　　　　　　　　　　　　）

1. あなたのエンジェル（天使）は誰だったと思いますか。思いつく人をすべて書こう。
   理由も書こう。

名前	理由（してくれたこと　等）

2. あなたは誰のエンジェルでしたか。また，その人に何をしましたか。

　　　エンジェルをした人の名前【　　　　　　】

　　・

　　・

　　・

　　・

3. 感じたことや気づいたことを書きましょう。

_____
_____
_____
_____
_____
_____

いつでも，どこでも，支えることができる人に……

ふり返りシート

　　　年　　　組　　名前　　　　　　　　学習日　　月　　日（　　）

---

* 今日の授業をふり返って，当てはまるものに○をつけましょう。

1　今日の活動は楽しかったですか。

　　・とても楽しかった　・少し楽しかった　・あまり楽しくなかった　・全く楽しくなかった

2　今日の活動に積極的に参加できましたか。

　　・とてもよくできた　・少しできた　・あまりできなかった　・全くできなかった

3　今日の活動のめあては，達成できましたか。

　　・とてもよくできた　・少しできた　・あまりできなかった　・全くできなかった

4　今日の活動で感じたこと，気づいたことを書きましょう。

_____
_____
_____
_____
_____
_____
_____
_____

【発展】エゴグラムの典型パターンで自分の特徴を知ろう

グラフの形からも性格判断が可能。典型パターンを紹介し自己理解につなげることも。

▶ プラスの声かけで自己肯定感アップをめざそう。

例）「への字型タイプは，縁の下の力持ちの人が多いみたいよ！」

ふり返りシート

学習名　動物エゴグラム

年　組　番　　名前　　　　　　　　学習日　月　日（　）

* 君の行動パターンに変化はありましたか!?

1. グラフを見て，一番高かった行動パターンは，何から何に変わりましたか？

　[　　　] → [　　　]

　理由を考えてみよう!!

2. グラフを見て，一番低かった行動パターンは，何から何に変わりましたか？

　[　　　] → [　　　]

　理由を考えてみよう!!

3. 今日の活動で感じたこと，気づいたことを書きましょう。

リフレーミングで未来をチェンジ！

（　）年（　）組（　）番　名前（　　　　　　　　　　　）

	悪い		よい			
短所	「短所」が招いた結果	「短所」が出た行動	「短所」を「長所」にリフレーミング	「長所」が出た行動	「長所」が招いた結果	未来をチェンジ！
①頑固	②友達と口論になった。	③友達の意見を聞かずに，自分の意見を押し通した。	④意志が強い一貫性がある信念がある	⑤友達の意見を聞きながら自分の意見も聞いてもらう。	⑥友達とよい関係で議論し，口論にならずにすんだ。	

例（名前　　坂本佳子　　）の短所は（　　①頑固なところ　　）です。
このために過去に（　②友達と口論になった　）ことがありました。
これは，（③友達の意見を聞かずに，自分の意見を押し通した）からです。

＜友達に記入してもらいましょう＞
この短所を長所にリフレーミングすると，
　④意志が強い，一貫性がある，信念がある
になります。この「長所」が行動に出ると，
　⑤友達の意見を聞きながら自分の意見も聞いてもらう
という結果になり，未来は
　⑥友達とよい関係で議論でき，口論にならずにすんだ
というよい方向にチェンジできるでしょう。

~~~~~~

（名前　　　　　　　　）の短所は（　　　　　　　　　）です。
このために過去に（　　　　　　　　　）ことがありました。
これは，（　　　　　　　　　　　　　　　　）からです。

＜友達に記入してもらいましょう＞
この短所を長所にリフレーミングすると，

になります。この「長所」が行動に出ると，

という結果になり，未来は

というよい方向にチェンジできるでしょう。

○感じたこと気づいたこと

ワークシートⅠ　　　　　年　　組　　名前

お互いの成長
小学生のころと比べてできるようになったこと

私の成長

友だちの成長

（　　　　　　）さん

（　　　　　　）さん

（　　　　　　）さん

（　　　　　　）さん

ワークシートⅡ　　　　　年　　組　　名前

なりたい自分

なるべく具体的に書いてみよう！
例：部活でレギュラーとして活躍し，勉強もいま以上にがんばって，人に優しくできる人間になりたい。注意されたら素直になおし，家の手伝いをする。人の気持ちがわかる人間になりたい。など

班のみんなからの言葉のプレゼント

グループへの指示書

　西部町に新しく"マンション西部Ⅱ"が建ちました。
　そのマンションの各階にいろいろな職業の人が住み始めました。
　そのマンションの町内会では，マンションに住んでいる人たちの名前と仕事を調べるために，手分けして住んでいる人たちの情報を集めることになりました。
　町内会の人たちは，それぞれの情報を持って集まりました。しかしそれぞれの集めた情報がばらばらです。みんなで協力して情報を伝えあい，マンションの各階の住人の名前と職業を完成させてください。

ルール

☆　各自の持っている情報は，声に出して言葉で伝えてください。
☆　他の人の情報紙をのぞきこんで見たり，自分の情報カードを他の人に渡したり，
　　見せたりすることはしないでください。
☆　情報カードをそのまま書き写して一覧表に書くことはしないでください。
☆　スタートの合図から15分で作業は終了します。

3階に住んでいる人の仕事は，天候に左右されるが，最近の健康ブームに乗って，ネット販売に力をいれている。	dさんの2階上に住む人は，好きになった人にプロポーズしたいが，自分の将来がどうなるかわからないのでなかなか言い出せないでいる。
このマンションの住人の1人はフリーターである。	bさんとaさんは，先週，風邪をひいて，医者に行った。同じ薬をもらったのに，bさんは1万円，aさんは3千円払った。
eさんは，組合で月曜は休みと決まっている。	fさんの上に住んでいるeさんは，立ち仕事で疲れるので，必ずエレベーターを使う。
bさんは「このマンションにはお世話になった先生がいる」と話していた。	eさんは，専門学校で一生懸命勉強して，国家試験に合格した。
このマンションは6階建てで，各階の住人は1人ずつである。	cさんは，自分の作った会計処理のプログラムが，ある会社でとても役に立っていると言われて，うれしかった。
dさんは，3階に住んでいる。	aさんの下の階の住人は，自由な時間があるので，平日にディズニーランドへ行った。
fさんの2階上の住人は，有機野菜栽培農家である。	cさんの2階上の住人は，教え子の結婚式に招待されて，お祝いのスピーチをすることになった。
eさんの仕事の喜びは，お客さんがきれいになって喜ぶ姿をみることである。	dさんは，お客さんから「おたくのおいしい野菜のおかげで，うちの子の野菜嫌いがなおりました」という手紙をもらった。
4階に住んでいる人の職業は，コンピュータ・プログラマーである。	aさんは，大学でこの職業に必要な免許を取得した。
fさんは，機械に詳しいだけでなく，誰にでも丁寧な対応を心がけているので，営業所でトップの販売台数を上げている。	コンピュータ・プログラマーの3階下に住んでいる人は，決まった収入のほかに，自分のがんばりによって，お給料をたくさんもらえることがある。

解答

いろいろな人が住むマンション

階	住んでいる人の名前	職業	メモ
6	a さん	先生	
5	b さん	フリーター	
4	c さん	コンピュータプログラマー	
3	d さん	有機野菜栽培農家 農業 無農薬野菜の農家	
2	e さん	美容師・理容師	
1	f さん	セールスマン 営業の仕事 機械の販売・営業	

"いろいろな人が住むマンション" ふり返りシート

班　　番・名前（　　　　　　　　　　）

20　/　/

☆活動をふり返ってみよう！

1.

すごく楽しめた	まあまあ ←――――→ あまり		ぜんぜん楽しめなかった
(^_^)v	(^_^)	(^_^;)	('_')

▷○を記入

（理由）＿＿＿＿＿＿＿＿＿＿＿＿＿＿＿＿＿＿＿＿＿＿＿＿＿＿＿＿＿＿

2.

すごく参加できた	まあまあ ←――――→ あまり		ぜんぜん参加できなかった
(^_^)v	(^_^)	(^_^;)	('_')

▷○を記入

（理由）＿＿＿＿＿＿＿＿＿＿＿＿＿＿＿＿＿＿＿＿＿＿＿＿＿＿＿＿＿＿

3. 今日の活動で，メンバーはどんな役割を果たしたと思いますか？
   あてはまるものすべての☆をぬってください。

名前	活動した	記録をした	活動を進めてくれた	意見をまとめた	いい考えを出した	グループの雰囲気をよくした
	☆	☆	☆	☆	☆	☆
	☆	☆	☆	☆	☆	☆
	☆	☆	☆	☆	☆	☆
	☆	☆	☆	☆	☆	☆
	☆	☆	☆	☆	☆	☆

4．この学習で登場した職業に関して，知ったことや気がついたことがありますか？

【職業名】　　　　　　　　　【知ったこと・気がついたこと】

＿＿＿＿＿＿＿＿＿＿＿＿＿　＿＿＿＿＿＿＿＿＿＿＿＿＿＿＿＿＿＿＿
＿＿＿＿＿＿＿＿＿＿＿＿＿　＿＿＿＿＿＿＿＿＿＿＿＿＿＿＿＿＿＿＿

5．今日の学習で感じたこと気づいたことを書いてください。

＿＿＿＿＿＿＿＿＿＿＿＿＿＿＿＿＿＿＿＿＿＿＿＿＿＿＿＿＿＿＿＿＿＿＿
＿＿＿＿＿＿＿＿＿＿＿＿＿＿＿＿＿＿＿＿＿＿＿＿＿＿＿＿＿＿＿＿＿＿＿
＿＿＿＿＿＿＿＿＿＿＿＿＿＿＿＿＿＿＿＿＿＿＿＿＿＿＿＿＿＿＿＿＿＿＿

事例

不登校の女子生徒

状況：中1のGW明けから，学校へ行こうとすると吐き気がするなどで不登校になり，精神科に通うほどひどく，中1の間は誰にも会えずにいた。中2になり治療の効果で症状もだいぶ落ち着き，家庭訪問で教員に会うことは平気になってきたので，進路も考え学校へ行きたいと思い始めた。その後，母親と一緒に校門前までは来られるようになったが，生徒に会ったらと思うと校門から先は入ってこられず，親子で落胆していた。

作戦名：「学校に行く練習をしよう！」
家庭訪問したときに，「校門まで来られたのはすごいことだったね」と励まし，「学校に行ける練習を何回かしよう」と提案。「何回ぐらい必要かな？」と聞くと「3回ぐらいかな」との返答。「どんなふうに練習するとうまくいくか考えよう」と話し，ミラクルクエスチョンで作戦会議をする。

作戦会議：1コマ目　現状：学校の門の前までしか来られない
　　　　　　2コマ目　天使が現れ，もう問題は解決したと告げる
　　　　　　3コマ目　解決した朝：起こされなくても，楽しい気分で目が覚める
　　　　　　4コマ目　彼女の考えた解決像：1階の主事室へ行き主事さんと会う

> ─ 4コマ目を詳しく聞く ─
> 「どんなふうに学校へ行けたの？」「いつもはお母さんと一緒なのに1人で行けた」
> 「どうして主事さんと会うことにしたの？」「いきなりたくさんの人には会えないので」
> 「会うだけにする？」「じゃあ，じゃんけんしてくる！」作戦会議をした。

実際の成果

1人で自宅を出て自転車で学校に来る。学校で待っていた教員は自転車だったことにびっくりして（自転車で来る予定ではなかったので），ほかの子どもに見られないようにあわてて自転車置き場へ案内していたら，難関と思われていた「校門」も難なくクリア。

次に玄関で待ってくれている主事さんに久しぶりに再会。じゃんけんとあっち向いてホイまでした（さらに勝った）。大喜びで，保健室で休憩してから帰宅した。

あとから「なぜ自転車で来たの？」と聞くと，「自転車で来たのは周りの風景が見えないくらい早く学校に来たかった。歩いて周りの景色が見えると戻りたくなるから」と言った。

私たちは大きなハードルは「学校に入ること」だと思っていた。でも，彼女がいちばんハードルに感じていたことは，学校に来るまでの時間が長いと戻りたくなる気持ちが強くなることで，その自分の気持ちに負けないようにするため，自転車で早く到着するという手段を自分で考え，練習を成功させた。

見取り表

教 卓

1年1組 A

ほし	さかな	チューリップ	チューリップ	うさぎ
・姿勢 ・話を聞く ・左利き ・部分から絵を描く ・並んで歩く	・姿勢 ・話を聞く ・左利き ・部分から絵を描く ・並んで歩く	・姿勢 ・話を聞く ・左利き ・部分から絵を描く ・並んで歩く	・姿勢 ・話を聞く ・左利き ・部分から絵を描く ・並んで歩く	・姿勢 ・話を聞く ・左利き ・部分から絵を描く ・並んで歩く
ハート	**ほし**	**ほし**	**さかな**	**チューリップ**
・姿勢 ・話を聞く ・左利き ・部分から絵を描く ・並んで歩く	・姿勢 ・話を聞く ・左利き ・部分から絵を描く ・並んで歩く	・姿勢 ・話を聞く ・左利き ・部分から絵を描く ・並んで歩く	・姿勢 ・話を聞く ・左利き ・部分から絵を描く ・並んで歩く	・姿勢 ・話を聞く ・左利き ・部分から絵を描く ・並んで歩く
くるま	**ハート**	**ハート**	**ほし**	**さかな**
・姿勢 ・話を聞く ・左利き ・部分から絵を描く ・並んで歩く	・姿勢 ・話を聞く ・左利き ・部分から絵を描く ・並んで歩く	・姿勢 ・話を聞く ・左利き ・部分から絵を描く ・並んで歩く	・姿勢 ・話を聞く ・左利き ・部分から絵を描く ・並んで歩く	・姿勢 ・話を聞く ・左利き ・部分から絵を描く ・並んで歩く
うさぎ	**くるま**	**くるま**	**ハート**	**ロケット**
・姿勢 ・話を聞く ・左利き ・部分から絵を描く ・並んで歩く	・姿勢 ・話を聞く ・左利き ・部分から絵を描く ・並んで歩く	・姿勢 ・話を聞く ・左利き ・部分から絵を描く ・並んで歩く	・姿勢 ・話を聞く ・左利き ・部分から絵を描く ・並んで歩く	・姿勢 ・話を聞く ・左利き ・部分から絵を描く ・並んで歩く
チューリップ	**うさぎ**	**うさぎ**	**くるま**	**ちょう**
・姿勢 ・話を聞く ・左利き ・部分から絵を描く ・並んで歩く	・姿勢 ・話を聞く ・左利き ・部分から絵を描く ・並んで歩く	・姿勢 ・話を聞く ・左利き ・部分から絵を描く ・並んで歩く	・姿勢 ・話を聞く ・左利き ・部分から絵を描く ・並んで歩く	・姿勢 ・話を聞く ・左利き ・部分から絵を描く ・並んで歩く

平成26年度協働の学校づくり推進事業

中学校生活充実のための黄金の3日間 ［Ⅱ］

小林市立野尻中学校

1　**野尻中学校区の教育目標**
　　未来を生きぬくための確かな学力，豊かな心，たくましいからだをもった子どもの育成

2　**目　的**
　　野尻中学校での生活を充実させるために，小中一貫教育を核とした多様な体験的な取組を展開し，特色あるキャリア教育を通して夢実現のための意識を高めるとともに，野尻中学校区ならではの学習習慣及び生活習慣を確立する。
　　『伸ばせ個性！引き出せ個性！』

3　**主　催**
　　小林市立野尻中学校

4　**後　援**
　　小林市教育委員会，野尻中学校区学校運営協議会

5　**期　日**
　　平成27年1月21日（水）～23日（金）の3日間

6　**会　場**
　　小林市立野尻中学校

7　**内　容**
　（1）　A小・B小学校の6年生が野尻中学校に登校する。（2日間）
　　　＊平成26年度は6月と1月に2回実施したため，中学校への登校は2日間。平成25・24年度は3日間登校した。
　（2）　文部科学省後援事業「子どもゆめ基金助成活動『幸せの種まきキャンペーン』貧困と共に生きる子どもたち」-SYD出前授業を実施する。（中3）
　（3）　横山由美アナウンサーによる「話し方教室Ⅱ」を実施する。（中1）
　（4）　地域の人材を活用した「自分と夢『ドリームプロジェクト』」を実施する。（中1）
　（5）　6年生保護者による授業参観，入学説明会を実施する。（小6，保護者）
　（6）　地域包括支援センターによる「認知症サポート講習会」を実施する。（中1）
　（7）　地域にある高等学校説明会を実施する。（中2）
　（8）　小林ライオンズクラブによる「面接指導」を実施する。（中3）
　（9）　高等学校の出前授業を実施する。（中3）
　　　　［県立飯野高等学校，小林西高等学校］
　（10）　野菜ソムリエによる技術家庭科の授業を実施する（中1）
　（11）　食生活アドバイザーによる技術家庭科の授業を実施する（中1）
　（12）　女優「柴田美保子」さんによる古事記の授業を実施する（全学年）
　（13）　小林市副市長による講演会を実施する。（全学年）
　（14）　本田奈穂美さんによる「命の講演会」を実施する。（全学年）

8　**期待される効果等**
　（1）　小学校6年生が中学校で生活することにより，中学校の授業や校時程に慣れると共に，教科担任制や英語科の授業，生徒会や部活動の仕組みについて理解させることができる。
　（2）　高等学校の出前授業を導入することで，将来の進路に対する意識の高揚を図ると共に，自分の将来設計を考え，計画的に学習する態度等を育成できる。
　（3）　意図的，計画的に小学校6年生と中学校1年生等との異学年交流授業等を計画することで，中1ギャップの解消を図ることができる。
　（4）　外部からの講師を招へいしての特色ある授業を展開することで，より専門的な知識や技術，態度を身に付けることができる。

9　時間割［小学校・中学校は通常授業です］

[1月21日（水）]

	A小	B小	1-1	1-2	2-1	2-2	3-1	3-2	特支
1校時	外国語・保健体育	中学校	中学校	中学校	中学校	中学校	中学校	中学校
2校時	外国語・保健体育	中学校	中学校	中学校	中学校	高等学校 出前授業	中学校
3校時	算数	小学校	横山由美アナウンサーによる話し方教室Ⅱ	中学校	中学校	中学校
4校時	小学校	算数		中学校	中学校	宮崎総合学院	中学校
5校時	小学校	小学校	自分と夢 ［キャリア教育］	SYD プログラム	中学校
6校時	入学説明会		中学校	中学校		中学校

※小林西高等学校の出前授業（数学・英語）を実施する。（9：45～各教室）
※中学校職員が小学生の授業を実施する。（外国語・保健体育・算数）
※6年生とその保護者に入学説明会を実施する。（15時00分～体育館）
※横山由美アナウンサーによる出前授業を実施する。（10時45分～体育館）
※地域人材を活用したキャリア教育を実施する。（14：00～各教室）
※SYDプログラムを実施する。（14：00～武道館）

[1月22日（木）]

	A小	B小	1-1	1-2	2-1	2-2	3-1	3-2	特支
1校時	小・小交流授業	中学校	中学校	中学校	中学校	中学校	中学校	中学校
2校時	合同授業（社会）	中学校	中学校	中学校	中学校	中学校	中学校	中学校
3校時	算数	小学校	認知症講習会	高等学校 説明会	ライオンズクラブ面接指導	中学校
4校時	小学校	算数	中学校	中学校			中学校
5校時	小学校	小学校	女優柴田美保子さんによる「古事記」のおはなし
6校時	小学校	小学校	前田喜輝小林市副市長講演「あとからくる君たちへ」

※小・小交流授業を実施する。（保健体育）
※中学校職員が小学生に授業を実施する。（社会・算数）
※のじり地域包括センターによる認知症講習会（15：00～武道館）
※地域にある高等学校説明会を実施する。（10：45～体育館）
※ライオンズクラブによる面接指導を実施する。（14：00～各教室）
※柴田美保子さんによる「古事記」の授業（14：00～体育館）
※小林市副市長による講演会を実施する。（15：10～体育館）

[1月23日（金）]

	A小	B小	1-1	1-2	2-1	2-2	3-1	3-2	特支
1校時	-	-	中学校	中学校	中学校	中学校	中学校	中学校	中学校
2校時	-	-	中学校	中学校	中学校	中学校	高等学校 出前授業	中学校
3校時	-	-	家庭科	家庭科	中学校	中学校		中学校
4校時	-	-	家庭科	家庭科	中学校	中学校	中学校	中学校	中学校
5校時	-	-	「命を大切にする講演会」 講師：本田奈穂美さん
6校時	-	-	

※県立飯野高等学校の出前授業を（国語・理科）実施する。（9：45～各教室）
※地域人材を活用した技術家庭科の授業を実施する。（10：45～調理室等）
※命を大切にする講演会を実施する。（14：00～体育館）

おわりに

　どうも私はもったいながり屋のようです。転んでもただでは起きないし，目に留まるものはそのまま心にも留まり，使えそうなものは何でも使いたくなる性分です。私の五感と教師としての第六感（？）で，「これは授業で使えそう！」「これは学級経営で……」「これは個別対応かなぁ～」とひらめくと，即，教材にしたくなり，リソースノートに書き留めます。

　どうも私は好奇心旺盛のようです。もともと理科の教員ですから，常に「不思議だなぁ～」というセンサーがはたらいてしまいます。不思議の数だけサイエンスがあるからです。この不思議に立ち向かうことが根っから好きでたまらないのです。いくつになっても。

　そして，この『もったいながり屋』と『好奇心旺盛』が，本を書きたいという気持ちに火をつけるのです。教育現場で使えそうなもの，役に立ちそうなものを見つけたり，思いついたりすると，少しでも多くの先生方にお伝えしたいと，うずうずしてくるのです。

　そんなときは，図書文化社を訪ね，編集者の渡辺佐恵さんに相談します。取り留めのない私の話を，佐恵さんはうなずきながら聴いてくださいます。まるでカウンセリングを受けているようなほんとうに心地よい時間です。そして，私の夢物語のような構想が，佐恵さんの手によって実現するのです。

　このようにして完成したのがこの本です。そう考えると，日本全国には私の知らない，私の見つけられていないすばらしい実践がまだまだあるはずです。さあ，「心に響く（感動）」「子どもが主役（自律性）」「人間味あふれる教師（モデル・自己開示）」の実践を，また探しにいくことにしましょう。

平成28年4月

鹿嶋　真弓

■ 著者一覧

安達　諭香	あだちゆか	高知市立愛宕中学校教諭
有吉　美春	ありよしみはる	宮崎県都城市立祝吉中学校教諭
石黒　雅文	いしぐろまさふみ	高知県日高村立日高中学校教諭
石黒　康夫	いしぐろやすお	神奈川県逗子市教育委員会教育部長
今崎　順生	いまさきよしき	高知市立西部中学校教諭
今本佳代子	いまもとかよこ	東京都大田区立矢口西小学校主任教諭，図工専科
梅原　幸子	うめはらこうこ	元神奈川県小学校教諭
大石　裕千	おおいしひろゆき	高知市立西部中学校教諭
大久保隆一	おおくぼりゅういち	東京都足立区立東綾瀬中学校副校長
大﨑　大	おおさきはじめ	高知県中学校体育連盟事務局（高知市立城北中学校内）
岡　慎也	おかしんや	鳥取県伯耆町立岸本中学校教諭
岡林　宏枝	おかばやしひろえ	高知市立江陽小学校教頭
鹿嶋　博章	かしまひろあき	東京都江戸川区立葛西第三中学校教諭
加藤みゆき	かとうみゆき	東京都青梅市立新町中学校教諭
黒木　大輔	くろきだいすけ	宮崎市立生目台西小学校教諭
小林　茜	こばやしあかね	高知市立横浜中学校教諭
坂本　佳子	さかもとよしこ	高知県いの町立伊野中学校教諭
佐土原　誠	さどはらまこと	宮崎県小林市立三松中学校教頭
塩畑　伸恵	しおはたのぶえ	東京都荒川区立南千住第二中学校養護教諭
杉本　一幸	すぎもとかずゆき	高知市立三里小学校校長
髙木　直哉	たかぎなおや	三重県いなべ市立員弁西小学校教諭
竹田　尚史	たけだひさし	高知大学教育学部附属中学校教諭
建沼　友子	たてぬまともこ	高知市立西部中学校教諭
谷本　直子	たにもとなおこ	高知市立西部中学校教諭
中石　忍	なかいししのぶ	高知市立西部中学校教諭

中尾 瑞香	なかおみずか	高知県南国市立十市小学校養護教諭
中屋 晶子	なかやあきこ	高知市教育委員会学校教育課指導主事
那須 泰	なすやすし	広島女学院中学高等学校教諭
野原 正樹	のはらまさき	東京都荒川区立第四中学校主幹教諭
橋口 和恵	はしぐちかずえ	高知大学教育学部附属中学校教諭
橋村 宏美	はしむらひろみ	高知県佐川町立尾川小学校教諭
樋口 大祐	ひぐちだいすけ	三重県四日市市立富洲原中学校教諭
藤本 紀和	ふじもとのりかず	岐阜県可児市立蘇南中学校教諭
星 理奈	ほしりな	東京都狛江市立狛江第六小学校教諭
前田 豊美	まえだとよみ	三重県松阪市立朝見小学校校長
益田 美佳	ますだみか	高知市立西部中学校教諭
松﨑 学	まつざきまなぶ	山形大学地域教育文化学部教授
水野 淳介	みずのじゅんすけ	高知市立西部中学校教諭
森岡 亮	もりおかあきら	高知市立西部中学校教諭
森山あかね	もりやまあかね	東京都狛江市立狛江第一小学校主任教諭
矢野 有茶	やのありさ	高知県四万十町立七里小学校教諭
山下由紀子	やましたゆきこ	高知県安芸市立安芸中学校教諭
横田 千穂	よこたちほ	高知教育研究所教育相談班班長
吉岡 良江	よしおかよしえ	三重大学教育学部附属中学校指導教諭
吉本 恭子	よしもときょうこ	高知市立西部中学校教頭
依光 加代	よりみつかよ	高知市立城北中学校教頭

（2016年3月現在，五十音順）